汉唐书局

国家教育行政学院
国学教育研究中心推荐

传统文化经典教育文库

姓氏演绎

山东城市出版传媒集团·济南出版社

本书主编 刘嘉庚

图书在版编目（CIP）数据

姓氏演绎 / 刘嘉庚主编. —济南：济南出版社，2019.8

（传统文化经典教育文库）

ISBN 978-7-5488-3972-9

Ⅰ.①姓… Ⅱ.①刘… Ⅲ.①姓氏—研究—中国 Ⅳ.①K810.2

中国版本图书馆CIP数据核字（2019）第153509号

出 版 人	崔　刚
丛书策划	冀瑞雪
责任编辑	冯文龙
	张子涵
图书审读	刘振佳
装帧设计	李海峰

出版发行	济南出版社
地　　址	山东省济南市二环南路1号（250002）
编辑热线	0531-86131747（编辑室）
发行热线	82709072　86131747　86131729　86131728（发行部）
印　　刷	山东新华印刷厂潍坊厂
版　　次	2019年9月第1版
印　　次	2019年9月第1次印刷
开　　本	185 mm × 260 mm　1/16
印　　张	17.5
字　　数	270千
印　　数	1—10000册
定　　价	66.00元

（济南版图书，如有印装错误，请与出版社联系调换。联系电话：0531-86131736）

编写委员会

主　　编　刘嘉庚

副 主 编　钱广书　韩　敏　谢长伟　杨生良

编　　委　朱云峰　樊兆德　白圣波　鲁彦丽　赵淑萍
　　　　　　刘本艳

审读专家　牟钟鉴　郭齐家　何光荣　于建福　王新宏
　　　　　　陶继新　刘振佳　冀瑞雪

汉唐书局

图腾文化源远流长

戊戌年秋 牟钟鉴题

姓氏文化蕴藏华夏民族古老的基因密码，根深叶茂、传之久远。兹为刘嘉庚先生主编《姓氏演绎》一书正式出版题。

己亥 何光荣于京华

华夏图腾树

注：该图系以民间收集的图案为基础，进行了订正和美化设计。

目录

序言（一）

中华智慧的一汪清泉活水 …………………………… 1

序言（二）

功夫大焉，功莫大焉 …………………………… 5

自序

姓氏演绎——探索华夏民族久远的文化基因 …………………………… 7

姓氏演绎（100家）音序索引 …………………………… 1

姓氏演绎（100家）索解 …………………………… 1

　　◎姓氏·文字演变

　　◎解字

　　◎溯源

　　◎掌故

　　◎家训

　　◎拾艺

姓氏篆体字（100家）一览表	249
审读专家简介	255
后　记	257
参考书目	258

中华智慧的一汪清泉活水

欣闻《姓氏演绎》即将出版,审读之余内心甚为兴奋。在中华民族的历史长河中,宝贵的优秀传统文化像一艘"诺亚方舟",承载着亿万中国人共同的价值观、审美观和思维方式扬帆远航,流传至今。博大精深的中国传统文化中蕴藏着伟大的古代智慧。《周易》中有我们崇尚的"与时俱进";《诗经》中有我们提倡的"和谐";《礼记》中有我们常说的"小康"……即将出版的《姓氏演绎》便是在《中华传统文化经典教师读本:百家姓》的基础上,弘扬姓氏文化、汉字文化、家训家风、书画文化的又一精品力作,就像中华智慧的一汪清泉活水呈献给大家。

姓氏文化是中华优秀传统文化的一颗璀璨明珠。每一个中国人都有姓氏情结、家国情怀。姓氏文化像一棵枝繁叶茂的大树,庇护、影响着每一位中华儿女。祖先的功德、业绩鞭策着每一个后世子孙。姓氏文化让中华民族更具向心力、凝聚力,牵引着整个民族不断向前。现在,姓氏文化像一座未开采的富矿,需要我们努力地探索和发掘。

汉字是中华民族最基本的文化基因。汉字是世界上各大文字体系中唯一传承至今的表意文字。它包含着丰富的文化内涵和审美意蕴，是中华民族智慧的化身。一个汉字，一段故事，一点一画、一撇一捺都饱含着华夏民族的智慧和心声。

家风家训是中华优秀传统文化的精髓。老子云：九层之台，起于垒土。一个人的价值观形成，起点是家风家训，家风家训就是一个人和一家人成长的"垒土"。"家"是缩小的"国"，"国"是放大的"家"。家风家训在岁月的积淀中逐渐成为中华文化的缩影、文明的延续，我们需要继承和发扬。

诗书画印艺术是中华优秀传统文化的奇葩。它们具有浓厚的中国文化内涵，集中反映了中华民族的审美情趣、艺术造诣、胸怀气度、继承和创新。黑白之间气象万千，谋篇布局解读凛然。书画艺术源远流长，人民群众既是诗书画印作品的创作者，也是诗书画印艺术的欣赏者和享受者。我们需要效仿和学习。

至圣先师孔子拥有大智慧。他提倡诗书礼乐之教。他曾说："志于道，据于德，依于人，游于艺。"还说："兴于诗，立于礼，成于乐。"让弟子浸润于诗书礼乐的教化之中，从而养成彬彬有礼的君子品格。国学中有很多内容及其教育方式，属于高尚品格培养的范畴；中华优秀传统文化注重培养人良好的心态、阳光的性格、细腻的感情与高雅的品行，注重人文熏陶和修养。本书各个板块设置的目的正在于"在潜移默化中以文化人，经典育人"，以期对国人有所补益，对家长有所帮助，让学生受到教育并有所启迪。

纵观此书，以姓氏文字演变为切入点，以姓为纲，以文为目。编撰时，秉承先贤人文精神，继往圣，开来学，以倡导文化自觉、弘扬优秀传统文化为宗旨，集汉字文化、家风家训、诗书画印艺术等内容于一体，便于读者拓展视野、深入学习，以期提高国人尤其是青少年的国学素养，增进他们对传统文化的了解与热爱。

在5000多年文明发展进程中，中华民族创造了博大精深的灿烂文化。弘扬中华优秀传统文化，就是要使中华民族最基本的文化基因与当代文化相适应、与现代社会相协调，以人们喜闻乐见、具有广泛参与性的方式推广开来，把跨越时空、超越国度、富有永恒魅力、具有当代价值的文化精神弘扬起来；就是要系统梳理传统文化资源，让收藏在禁宫里的文物、陈列在广阔大地上的遗产、书写在古籍里的文字都活起来。作为一个中国人，不论性别、年龄、学历、兴趣爱好，都应对本民族的文化、历史有所了解，这样才能知道中华文化有多优秀，自己有多幸福。从这个意义上讲，这本书的出版恰逢其时。

"若有诗书藏于心，岁月从不败美人。"请大家放下紧握的手机，静心品读姓氏文化，悉心感悟千古智慧，体验中华优秀传统文化带来的丰富精神滋养吧！

郭齐家

2018年9月28日（孔诞节）

序言二

功夫大焉，功莫大焉

姓氏文化是中国优秀传统文化的一个重要组成部分，遗憾的是，它并没有引起人们广泛的关注，而深入研究者更是"几希矣"。刘嘉庚等人编著《姓氏演绎》，不但是一件功夫大焉的工程，也是一件功莫大焉的业绩。

本书不但为读者呈现了100家姓氏文字演变，而且有解字、溯源、掌故、家训和拾艺等丰富的内容。在图文并茂的著述中，全书几乎到处弥散着中国传统文化的味道。而每一道"工序"，都需要下很大的功夫。更重要的是，它需要的不只是功夫，还有文化功力与心理定力。没有相当深厚的文化功底，没有虽难犹进与舍我其谁的精神，休说完成这么一部著作，就是写好某些篇目，也实属不易。

刘嘉庚等一批编著者也知道完成这项工作的艰难，可他们依然知难而进。因为让更多的人了解自己姓氏文化所蕴含的祖先功德、业绩、家风、族风和国风，不仅是对先祖功业品格的心理认同，而且还会在"慎终追远"中，让"民德归厚焉"。

因为"齐家"是连接"修身"与"治国"的核心环节。在研读《姓氏演绎》中不难发现，所有修得大功德与成就大事业者,几乎都与"齐家"相关。在某种意义上说,家风与国风也是紧密相连的。家风培育与文化认同,尤其是成就伟业者的"齐家"之举,还会以不同的形态影响到整个国家与民族。孔子与孟子之母的家教,以及绵延两千多年的孔孟家风,影响了千千万万的家庭,甚至对整个中华民族的文化品格都产生了重大的影响。

本书作者正是肩负着这样一种历史使命来编撰这部具有重解读义之书。那些本然就存在于姓氏家族中的很多美德嘉言与祖风家训等,因为历史久远,已经多为人们淡忘。对其进行系统地搜索、整理与加工,并编辑出版,不但是对先祖功业的认可,更是让后人敬而仰之并"学而时习之",从而让历史的文明穿越时空,照亮今人的生命前程。

为了让读者更好地阅读《姓氏演绎》,编者此前曾出版的《中华传统文化经典教师读本:百家姓》一书可资佐证和参考,此书在广大读者中产生了较大的影响。《姓氏演绎》既是对《百家姓》的补充与延伸,同时也是对理解研究《百家姓》的拓展与深化。看来,编写《姓氏演绎》,是早有"预谋"的。这给我们以启示,出书不但要有历史使命感,还要"因材施教"于更多的读者。刘嘉庚等一批热心于传统文化教育事业的教育志士,良苦用心可知矣!

期待《姓氏演绎》的出版,也希望刘嘉庚等人在研究中华优秀传统文化的道路上继续前行,走向"更上一层楼"的境界。

陶继新

2018年8月4日于济南

自序

姓氏演绎
——探索华夏民族久远的文化基因

中国姓氏文化历经五千多年而始终延续并发展着，它是中国传统文化中极其重要的组成部分。它源于古老的原始氏族部落时期，历代相沿，成为华夏民族"认祖归宗"的血缘传承，也是世代建构伦理关系的重要依据。早在战国时期，屈原在《离骚》中就说："帝高阳之苗裔兮，朕皇考①曰伯庸"。开篇便表明了自己的身份。姓氏文化、宗族观念，像血脉一样融入每一个中国人的灵魂。它不仅记录了中华民族的形成与发展历程，让人们时时刻刻知其来处，还以其独特的血缘认同和文化认同功能，在民族融合、国家统一等诸多方面，发挥着特有的凝聚与促进作用，成为中华民族最为显赫的民族标识和丰富的文化基因资源。

姓氏文化的内涵极其丰富，它包含着文化审美、进取精神、家国情怀、价值取向，像春风雨露一样无声滋润着我们的心灵。正是因为姓氏文化的延续性，产生特别重视伦理道德的价

---

① 朕：上古时，称呼自己为"朕"。
皇考：古代对已故曾祖的尊称。

值取向和文化观念，使姓氏文化成为维系家庭、家族关系的文化纽带和重要载体。从家庭到家族，从海内到海外，就像人们所说的那样，谁没有父母，谁没有祖先！在许多人的心目中，姓就是家，家就是姓，已经成为一种不言而喻的潜意识。不论身处何地，不论相隔多久，姓氏都是大家相互体认和融合的根基和线索，它永远牵引着我们，呼唤着我们，让我们沿着这根无形的血脉，一次又一次地回望历史，一次又一次地增进文化认同。在寻根问祖中，不断增强民族自信和文化自觉；在追怀先祖中，不断强化历史责任感和民族使命感；在历史反思中，不断开阔眼界和思绪空间；在未来展望中，不断形成历史功德感和创新意识。研究和整理姓氏文化，探寻姓氏文化的奥秘，不仅仅为了知道我们是谁，我们来自哪里，还为了更好地把握民族脉搏，更好地感悟民族情怀，更好地构筑民族信仰，弘扬优秀而久远的民族传统，为社会的发展培根、铸魂、添力！

在其姓氏文化构成和内涵中，也潜存着一些古老图腾元素，再加上，后代姓氏演变过程中，人们习惯于追根溯源，将家族的姓氏与远古的人物和朝代相连接，以便证明家族历史悠久，大有来处，并在不自觉间赋予其诸多具有神秘色彩的深沉意蕴。我国姓氏图腾主要有两大起源：一是蛇类图腾，上古时期，以蛇为图腾的氏族兼并别的氏族后，便在蛇图腾基础上，吸收其他氏族图腾，演变为"龙图腾"，故华夏子孙自称"龙的传人"。二是鸟类图腾，历史上，东夷部落多以鸟为图腾，起源于玄鸟，保留着原始图腾遗迹，如伏羲氏的风姓。后来融合众多鸟类图腾的元素，演变为凤凰图腾。龙、凤图腾系多种图腾的综合体，同时包含着众多氏族图腾的原生意蕴，逐步形成了百家融合、多元一体的姓氏文化动人格局，这象征着氏族部落之间的大联盟、大融合、大团结，推动着社会的进步和发展。基于这样的历史渊源，我国民间有着"龙凤呈祥"的传说，因此，龙、凤就成了华夏民族共同的图腾象征。古老的姓氏文化可谓华夏民族的文化基因密码，是中华民族大家庭的精神家园，"根""魂"所系，饱含着中华民族奋发图强的大智慧，也饱含着中华民族的信仰寄托。探索姓氏文化深层内涵，不仅具有丰富的历史意义，还有着非常重要的现实意义。旌旗遥遥兮，指引方向；图腾飘飘兮，助吾力量。

为了帮助广大教师了解姓氏文化，此前我们编写了《中华传统文化经典教师读本：百家姓》。一经面市，广受好评。本书可以说是对《中华传统文化经典教师读本：百家姓》的补充和延展。全书以"华夏图腾树"开篇；以姓氏文字演变为切入点，采用了龙凤环绕本姓氏篆体字的精美图案，昭示着氏族龙凤呈祥之意。精心设计了"解字""溯源""掌故""家训""拾艺"等几个板块："解字"甄选甲骨文、金文、小篆、隶书、楷书、行书、草书等字体，从字体演变的角度对姓氏文字进行解析。"溯源"与读者一起寻根追源，在查阅大量资料的基础上，介绍各个姓氏的主要来源。"掌故"呈现各姓氏重要名人的经典故事；"家训"遴选了各家族有代表性的家训、家风，以供后人学习、践行，将中华优秀传统文化与家风建设紧密结合在一起；"拾艺"则介绍与各姓氏名人有关的书法、绘画、篆刻作品，从而以"姓氏"为中心，系统梳理与其有关的汉字文化、家风家训、诗书画印等，集中展现姓氏文化以及中华优秀传统文化的博大精深。为方便查找，我们增加了音序索引和姓氏篆体字（100家）列表，篆书主要选自《说文解字》中小篆字体，篆法标准、大气。全书围绕姓氏文化展开，却又不局限于此，体例更加灵活，传统文化知识更为精彩纷呈。

  我们期望通过此书，人人都能从自己的姓氏中，了解自己姓氏演绎中所蕴含的祖先功德、业绩、家风、族风甚至是国风之所在。自古以来，"家"就是华夏儿女一切社会关系的基础，是维系生存与发展的重要纽带，是人们进行社会交往的必要条件之一，涉及千家万户。大家都知道，家庭是社会的基本细胞，是人生的第一所学校。不论时代发生多大变化，不论生活格局发生多大变化，我们都应重视家庭建设，注重家庭、注重家教、注重家风，发扬光大中华民族传统家庭美德，促进家庭和睦，促进亲人相亲相爱，促进下一代健康成长，使千千万万个家庭成为国家发展、民族进步、社会和谐的重要基石。因此，了解一些姓氏图腾文化知识，有着极其重要的现实生活意义。让我们与古老的祖先对话，与悠久的文化传统亲近吧！

  在昂首迈进新时代的今天，我们希望此书能起到抛砖引玉的作用，以期对大家有所启发和帮助。

编 者
2019年6月

汉唐书局

姓氏演绎（100家）音序索引

B

白 ················ 31

C

曹 ················ 134
蔡 ················ 213
常 ················ 86
陈 ················ 162
程 ················ 131
崔 ················ 34

D

戴 ················ 235
丁 ················ 217
邓 ················ 139
董 ················ 125
杜 ················ 233
段 ················ 69

F

范 ················ 1
方 ················ 4
冯 ················ 120
傅 ················ 144

G

高 ················ 189
龚 ················ 100
顾 ················ 53
郭 ················ 197

H

韩 ················ 115
郝 ················ 26
何 ················ 194
贺 ················ 95
侯 ················ 55
胡 ················ 183
黄 ················ 170

J

贾 ················ 215
江 ················ 48
姜 ················ 247
蒋 ················ 210
金 ················ 21

K

康 ················ 37
孔 ················ 28

L

赖 ················ 98
雷 ················ 72
黎 ················ 84
李 ················ 154
廖 ················ 14
梁 ················ 105
林 ················ 191
刘 ················ 160
卢 ················ 207
陆 ················ 23
罗 ················ 202
吕 ················ 152

龙 64

M
马 199
毛 40
孟 61

P
潘 231
彭 150

Q
乔 92
钱 75
秦 45
邱 42

R
任 245

S
邵 58
沈 146
石 6
史 51
宋 108
苏 204
孙 181

T
谭 12
汤 78
唐 118
田 243

W
万 67
王 156
汪 241
魏 219
文 102
吴 175
武 89

X
夏 237
萧 128
谢 113
熊 18
徐 178
许 141
薛 221

Y
姚 9
阎 227
杨 164
叶 224
易 82
尹 80
于 122
余 229
袁 136

Z
赵 167
张 158
曾 148
郑 110
邹 16
周 173
朱 185
钟 239

◎ 范姓·文字演变

小篆	隶书	楷书	行书	草书
𦸈	范	范	范	范
说文解字	张迁碑	欧阳通	鲜于枢	王羲之

【解字】 范，小篆𦸈=艸（艸，香草）+水（水，沐浴）+人（人），造字本义：沐浴、薰香，远古贵族、雅士的生活方式。隶书范将小篆的艸写成艹。

【溯源】 范姓出自祁姓，是帝尧裔孙刘累之后。刘累侍奉夏王孔甲，赐氏御龙。后迁鲁县，至商为豕韦氏，商末受封于唐国，周成王灭唐，唐国国君迁至杜（今陕西西安东南），建立杜国，称为杜伯。周宣王时，大夫杜伯无辜被杀，其一子名隰（xí）叔，逃往晋国，任士师（法官），隰叔曾孙士会任晋国主将，执掌朝政，其采邑在范（今河南范县），称范武子。其后子孙遂以邑为姓氏。

【掌故】 鸡黍之交

《后汉书·独行列传》记载：范式，字巨卿，山阳郡金乡县（今山东济宁金乡）鸡黍镇人，又名范汜（sì）。范式年轻的时候在太学游学，成为儒生，和汝南郡人张劭（shào）是好朋友。张劭，字元伯。后来两人一起告假回乡，范式对张劭说："两年后我要回京城，我会去拜见您的父母，看看您的孩子。"然后就共同约定了日期。后来约定的日期快到了，张劭把事情全都告诉了母亲，让她布置好酒食恭候范式。母亲说："都分别两年了，千里之外约定的事情，你怎么就这么相信他呢？"张劭回答说："巨卿是讲信用的人，一定不会违背诺言。"母亲说："如果真是这样，我就为你们酿酒，杀鸡煮黍。"到了那天，范式果然来了，二人升堂互拜对饮，喝得十分畅快后才相互告别。后人就用"范张鸡黍"比喻朋友之间情深义重。这个故事也叫"鸡黍之交"，以此昭示人们交友应"以诚相待"。金乡县鸡黍镇也因此而得名。

【家训】　　　　　范氏家训选

一、耕读：田必力耕，书必勤读，不耕不读，不如犬畜。
二、教子：家有子弟，教之成人，若任游荡，必害终身。
三、安分：为人在世，各安本分，利己损人，终必无用。
四、贸易：公平交易，童叟莫欺，奸媒巧诈，害己损人。
五、交接：与人交接，务必正人，此须茶酒，切莫吝惜。
六、嫁娶：男婚女配，为理之常，慎择贤否，门户相当。
七、慎终：父母丧亡，早宜思量，不称有无，尽孝尽忠。
八、追远：祖宗虽远，祭祀必诚，清明冬至，不是闲临。
九、修身：严以待己，恕以待人，花街柳巷，谨步莫临。
十、谨训：家训至此，句句格言，子孙恪守，世代相传。

解读　范氏家训从"耕田读书、教育子女、安分守己、经商贸易、人际交往、嫁女娶妻、重视亲丧、祭祀先祖、修身做人、谨记家训"十个方面讲述了做人做事的规矩和道理。

【拾艺】 范仲淹书法

范仲淹，字希文，苏州吴县（今苏州市吴中区）人。北宋杰出的思想家、政治家、文学家。他倡导的"先天下之忧而忧，后天下之乐而乐"的思想，对后世影响深远。范仲淹书法造诣极高，字体俊秀和美。

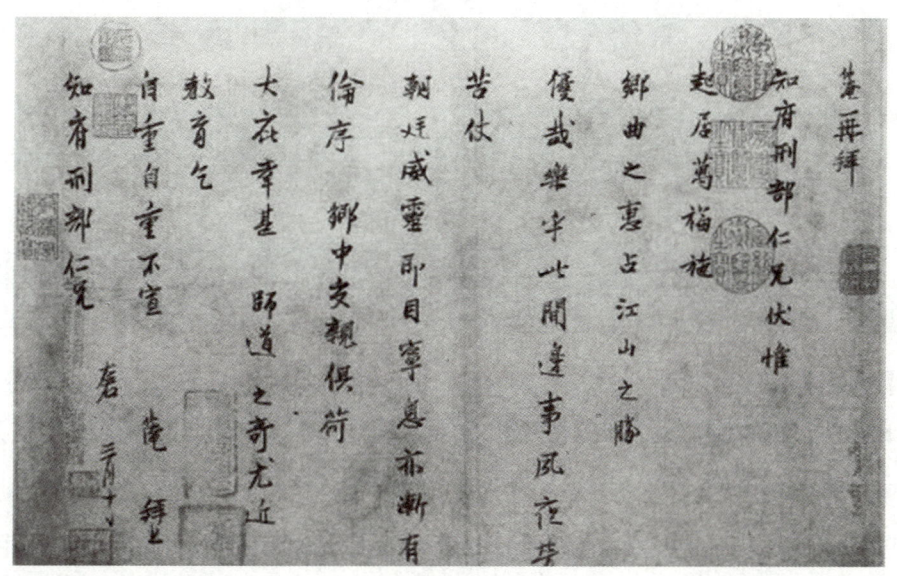

范仲淹书法

释文 仲淹再拜，知府刑部仁兄：伏惟起居万福。施乡曲之惠，占江山之胜，优哉乐乎。此间边事，夙夜劳苦。仗朝廷威灵，即目宁息，亦渐有伦序。乡中交亲俱荷大庇，幸甚。师道之奇，尤近教育，乞自重，自重。不宣。仲淹拜上，知府刑部仁兄左右。三月十日。

◎ 方姓·文字演变

甲骨文	金文		小篆	隶书	楷书	行书	草书
商·殷墟	召卤	毛公鼎	说文解字	居延简	张猛龙碑	颜真卿	沈粲

【解字】 "方"是"放""旁"的本字。方，甲骨文 ＝ （剔发刺字的犯人）＋ （锁颈的枷械），表示被披枷流放的罪人。简体甲骨文将指事字简化成。有的简体甲骨文将枷形简化成一横，指事符号。造字本义：动词，将罪犯剃发刺字，流放边疆。金文承续甲骨文字形。简体金文承续简体甲骨文字形。小篆将甲骨文字形中的枷形简化成。隶书变形，导致"人"形消失，枷形消失。当"方"的"流放犯人"本义消失后，小篆加"攴"（打击）另造"放"代替，表示刑罚驱逐。

【溯源】 传说神农氏的后裔榆罔（yú wǎng）为神农氏时代的末期帝王，榆罔时政务废弛，蚩尤作乱，诸侯皆归附黄帝，黄帝平定蚩尤后，确立起了在部落联盟中的领导地位。榆罔之子雷，因辅佐黄帝平定蚩尤有功，被封于方山（即今河南嵩山），称方雷氏。方雷氏是黄帝时代重要的方国，黄帝之元妃即出自方雷氏，生子青阳，即少昊帝。方雷氏的子孙以国为氏，后又分单姓方氏、雷氏。

【掌故】 方良永"秉公审案"

方良永（1454—1528），字寿卿，谥号简肃，福建莆田人，历官浙江布政使。时武宗义子钱宁凭借权势，用纸钞两万，发浙江十一府换回白银3万两，公卿台谏敢怒不敢言。方良永得知此事，不畏权贵，明知钱宁气焰嚣张，仍讼其负主剥民的罪行，"在子为不孝，在臣为不忠，在法为必诛"，"乞下诏狱，以明正典"。后世宗即位，钱宁伏法，方良永威名远扬。人们称颂他"居官廉正，法纪严明，文章典雅，学术纯正"。撰有《方简肃文集》颁行于世。

【家训】　　方孝孺《家人箴（zhēn）》

贫贱而不可无者，节也贞也；富贵而不可有者，意气之盈也。

——方孝孺《家人箴》

解读　穷要有气节，富要更谦虚。刚正不阿的方孝孺完美诠释了这句家训。

方氏的《家人箴》，在历史上培养了无数志士名人，在今天，对哺育一代新人也有积极意义。

【拾艺】

方孝孺书法

方孝孺（1357—1402），浙江宁海人，明代大臣，著名学者、文学家、散文家、思想家，字希直，一字希古，号逊志，曾以"逊志"名其书斋，蜀献王替他改为"正学"，因此世称"正学先生"。南明福王时追谥（shì）"文正"。在"靖难之役"期间，拒绝为燕王朱棣草拟即位诏书，刚直不屈，孤忠赴难，被诛十族。

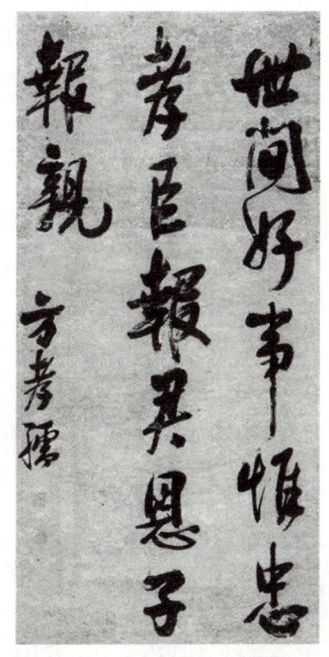

◎ 石姓·文字演变

甲骨文	金文	小篆	隶书	楷书	行书	草书
商·殷墟	钟伯鼎	说文解字	乙瑛碑	欧阳询	黄庭坚	赵构

【解字】 石，甲骨文=（厂，像悬崖）+（口，像岩块），表示山岩。造字本义：坚硬的矿物质，山岩，岩块。金文、小篆承续甲骨文字形。䄷（shí），小篆=（禾，谷物）+（石，钧石），表示古代谷物称重标准，一䄷相当于一百二十斤。古籍多以"石"（dàn）代替"䄷"。

【溯源】 石姓出自姬姓，周文王的后代。西周初，周成王封其叔康叔于卫，史称卫康叔，卫国在今河南淇县东北，后三移国都，先后向东迁至曹、楚丘、帝丘，均在河南北部滑县与濮阳之间。传至卫桓公时，卫康叔的后裔公孙碏（què），字石，也称石碏，有大功于卫，世为卫大夫。其后世子孙以其字为氏。

【掌故】 "孔门弟子"石作蜀

石作蜀，字子明，号卓子，春秋末年秦国冀县（今甘肃天水甘谷）人。自幼胸怀远志，聪颖敏学，仰慕孔子。成年后，不远万里徒步东鲁，投身孔门，得圣人教育和熏陶，身通六艺，为孔门"七十二贤"之一。学成返乡后，大力宣扬儒家学说，淳教化，移风俗，为三陇一带的文教事业做出了重要贡献，后人尊称他为"石夫子"。唐封石邑伯，宋封成纪侯，明改称"先贤石子"，从祀孔庙。

【家训】

石氏家训选

始祖碏公，史称纯臣；西汉万石（dàn），孝谨以闻。家族传承，善良为本；爱国爱乡，正义本真。人争年少，珍惜青春；建功立业，开拓创新。孝敬父母，教导子孙；夫妻和谐，兄弟情深。修桥铺路，助孤解困；爱岗敬业，团结乡邻。节俭持家，劳作耕耘；贫穷不移，富贵不淫。讷言敏行，守法安分；清廉为官，清白为民。做人规诫，赌毒色浸；淡泊名利，诚实守信。见义勇为，扶危济贫；尊师重教，公益热心。造福社会，服务族群；石志不渝，家风长存。

解读　作为中华民族最古老姓氏之一，石氏经过2700余年的繁衍生息，全球人口已达500余万人，散居于全球各地。《石氏家训》镌刻在河南淇县纯臣文化园石碑上，为全球石氏设立精神标准。石氏家训讲述了这个家庭最古老的传承，第一句就是"始祖碏（què）公，史称纯臣"，开宗明义，春秋名臣奠定其正直家风。

【拾艺】

石涛画作

石涛（1642—1708），清初画家，是中国绘画史上一位十分重要的人物，他既是绘画实践的探索者、革新者，又是艺术理论家。

石涛《新花新叶添新涨》

题识：新花新叶添新涨，偏称晚风花气长。花插胆瓶烧烛赏，叶馀水面覆鸳鸯。苦瓜老人济。

钤印：原济，石涛。

石涛《澄湖露华图》。此幅《澄湖露华图》，泼墨写意，荷叶如盖，重重堆叠，自然纷披，荷花则在其中若隐若现。荷叶的黑同荷花的白，荷叶的实同荷花的空，荷叶的片同荷花的朵均形成鲜明对比，极富美感。留白处虽不着一墨，却让人分明有静水流深之感。整幅图将荷花雍容典雅的君子气度表现得淋漓尽致。

◎ 姚姓·文字演变

金文	小篆	隶书	楷书	行书	草书
姚鼎	说文解字	曹全碑	颜真卿	高邑	毛泽东

【解字】　姚，金文=像种满花草的田畴（chóu）+（女），造字本义：善于栽花种草、美化家园的女人。相传为虞舜之后。小篆将（田畴）与（花草）写成"兆"。隶书将小篆的"女"写成。

【溯源】　姚姓主要来自妫（guī）姓。舜的部落因居于山西永济的妫水旁而姓妫，舜由于生于姚墟又姓姚，名重华。姚墟在今河南濮阳范县的濮城镇，近山东鄄（juàn）城。姚墟盛产桃，姚人以桃树为图腾。姚姓是舜氏族从妫姓氏族中分离出来的分支，所以姚姓的历史至少有4000年。

【掌故】　　　　　"救时宰相"姚崇

姚崇（651—721），唐代政治家，自幼受父影响，孜孜好学，胸怀大志。长大入朝，对答如流，下笔成章。一生历武则天、唐中宗、唐睿宗、唐玄宗四朝，并三度拜相，有"救时宰相"之誉。姚崇与房玄龄、杜如晦、宋璟并称"唐朝四大贤相"。姚崇拜相后，倾其才智，忠心辅佐唐玄宗。他根据当时朝政的各种弊端，向唐玄宗提出了简单明了的《十事要说》，这十项建议很快便成为开元年间唐玄宗励精图治的政治纲领，为"开元盛世"局面打下了基础。

【家训】 大唐贤相姚崇的家训：遗令诫子孙文（节选）

古人云：富贵者，人之怨也。贵则神忌其满，人恶其上；富则鬼瞰（kàn）其室，虏（lǔ）利其财。自开辟以来，书籍所载，德薄任重而能寿考无咎者，未之有也。故范蠡（lí）、疏广之辈，知止足之分，前史多之。况吾才不逮古人，而久窃荣宠，位逾高而益惧，恩弥厚而增忧。往在中书，遘（gòu）疾虚惫（bèi），虽终匪懈，而诸务多阙。荐贤自代，屡有诚祈（qí），人欲天从，竟蒙哀允。优游园沼（zhǎo），放浪形骸，人生一代，斯亦足矣。田巴①云："百年之期，未有能至。"王逸少②云："俯仰之间，已为陈迹。"诚哉此言。

解读 古人说：富贵会招致人们的怨恨。贵则招致神灵嫉妒你的满盈，人们讨厌你位居其上；富则招致鬼来窥视你的家，奴仆也来贪图你的钱财。自从开天辟地以来，按书籍所记载，那种德行浅薄、承担重任却能长寿无罪的人是不存在的。所以范蠡、疏广之流，明白适可而止和知足的尺度，前代的史书都称赞他们。何况我的才能不及古人，却长期窃得荣耀和宠任，地位越高越害怕，恩惠越厚越增添忧虑。以往在中书省任职时，患病体弱，虽然始终不敢懈怠，可各项政务还是多有缺欠。推荐贤人代替自己，多次真诚祈求，天从人愿，终于承蒙皇上的哀怜和同意。我悠然畅游在园林池沼之间，放浪形骸，人生一世，能这样也就满足了。田巴说："百岁的寿命，没有人能够达到。"王逸少说："仅在俯首扬头之间，一切已成为过去的陈迹了。"这些话都是正确的。

【拾艺】 姚绶画作

姚绶（1422—1495），字公绶，号谷庵，浙江嘉兴大云寺人，明代书画家。他学艺较晚，直到50岁之后，辞官归里，才寄情于书画。此幅作品是姚绶晚年精心之作《竹石图》。

---

① 田巴：战国时期齐国辩士。
② 王逸少："书圣"王羲之。

左上角自题：烟雨春风正渺茫，得闲来上墨君堂。都缘海岳题诗好，共信东坡落墨强。逸史。

钤印：姚公绶印，进士柱史，古秀州。

右上角友人澄江题跋：龙孙新长雨茫茫，渐觉清阴入草堂。童子隔篱忙报道，新梢更比旧梢强。澄江。

钤印：澄江，太平臣子。

◎ 谭姓·文字演变

小篆	隶书	楷书	行书	草书
譚	譚	谭	谭	谭
严可均	蒯关保	颜真卿	敬世江	邓文原

【解字】 "谭"是"𧮫"（篆书字，国名）隶书化后的字，谭诞生时为隶书，后有今之楷书。世人皆知，"齐师灭谭，谭子奔莒"，后人以国为姓，谭姓由此而来，但是此谭非彼谭，当时的谭国并不是写作"谭"，而是写作"𧮫"（一个篆体字）或"覃"，后来邑部又演变为右耳刀，成为"鄟"字。

【溯源】 谭姓出自姒姓。相传尧时，派鲧（gǔn）治水失败。舜即位后任用鲧的儿子禹治水；成功后，舜赐姒姓于禹。周初分封诸侯时，姒姓的一支被封于谭国（今山东章丘）。后齐吞并了谭国，谭国国君子孙就以国名为氏，称谭氏，史称谭氏正宗。

【掌故】   "抗倭英雄"谭纶（guān）

谭纶（1520—1577），明朝时曾任兵部尚书，是杰出的军事家、抗倭名将。嘉靖二十九年（1550年），谭纶受命任台州知府，以防御侵扰沿海的倭寇。谭纶在当地招募乡勇千人，练兵御倭，大挫倭寇。次年，数万倭寇再扰台州，谭纶亲率死士大战，三战三捷，军威大振。嘉靖四十二年（1563年），受任福建巡抚，剿（jiǎo）灭福建倭寇，收复兴化。隆庆二年（1568年），出任蓟辽总督，负责京畿（jī）防务。自居庸关到山海关，修建防御台三千座，加强东北防务。史称其"历兵三十年，斩获敌人首级二万一千五百有余"。因其功绩卓著，历事三朝，主持军务近三十年，抗倭、戍（shù）边，屡建奇功，是我国历史上一位爱国英雄，与戚继光齐名，号称"谭戚"。

【拾艺】 　　　　　　　　**谭嗣同书法**

谭嗣同（1865—1898），字复生，号壮飞，汉族，湖南浏阳人，是中国近代著名的政治家、思想家，维新志士。他主张中国要强盛，必须发展民族工商业，学习西方资产阶级的政治制度。并提出了废科举、兴学校、开矿藏、修铁路、办工厂、改官制等变法维新的主张。1898年参加领导戊戌变法，失败后被杀，年仅33岁，为"戊戌六君子"之一。

◎ 廖姓·文字演变

小篆	隶书	行书	草书
说文解字	居延简	黄庭坚	赵孟頫

【解字】 "廖"是"廫"的异体字。翏，既是声旁也是形旁，表示远古时代头戴羽饰的族长。廖，小篆=广（广，"宽阔、宽大"）+翏（翏，头戴羽饰的族长），表示族长主持祭祀活动的宽大建筑。造字本义：古代族长主持祭祀或公共活动的建筑，内部空间广大。隶化后楷书廖将小篆字形中的翏写成翏。当"廖"专用于姓氏后，小篆用"宀"∩代替"广"厂，另造"廫"代替。

【溯源】 颛顼（zhuān xū）高阳氏之后裔祝融氏吴回的儿子陆终有六子，后分别发展为六个大部落。陆终的第二子惠连，亦名参胡，董姓。惠连之子飂（liù）叔安，封于飂（在今河南唐河的湖阳镇），是夏商时代的诸侯国，西周初为周吞并。古代飂、蓼、廖通用，飂叔安也称廖叔安，其后以国为氏。廖姓的历史至少有3000年。

【掌故】　　　　　"三国名将"廖化

廖化，字元俭，襄阳人，长期追随刘备、关羽，经历了跟随刘备时屡战屡败、身无立锥之地的窘迫形势；跟随汉寿亭侯守卫荆州，麦城被围，他杀出血路，去上庸搬救兵；跟随孔明六出祁山，深得孔明信任。五虎上将关羽、张飞、赵云、马超、黄忠去世后，他是蜀国为数不多的勇将之一，以"忠肝义胆"被人称颂。

【拾艺】　　　　　廖仲恺书法

廖仲恺（1877—1925），原名恩煦（xù），又名夷白，字仲恺，广东归善（今惠州惠阳）人，近代民主革命家，生于美国旧金山华侨家庭。他是一位伟大的爱国主义者、中国国民党左派领袖、中国民主主义革命的先驱。

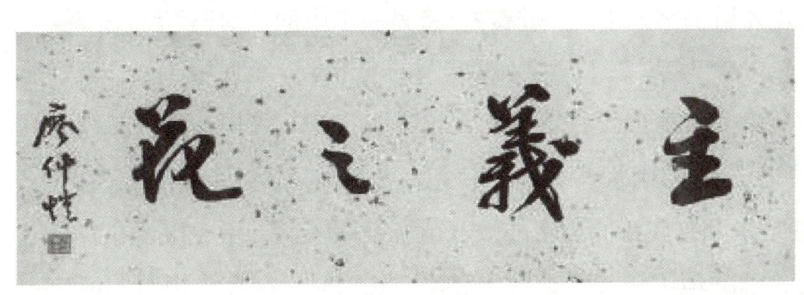

◎ 邹姓·文字演变

小篆	隶书	楷书	行书	草书
（古文字类编）	（奚岗）	（欧阳询）	（敬世江）	（王铎）

【解字】 邹从刍，本义是割草，其甲骨文字形是左边为一株断裂为两处的小草，右边是一只手。刍，甲骨文 =（两个"屮"，草丛）+（又，抓），表示采集饲养牲口的嫩草。造字本义：动词，采集嫩草饲养牲口。金文承续甲骨文字形。篆文将金文字形中的"又"写成两个"勹"，将金文字形中的写成。隶化后楷书将篆文字形中的两个"勹"写成𠃌，将小篆字形中的草丛写成𦫼。简体楷书"刍"省去正体楷书字形中的一半，将另一半中的"勹"写成，并误将表示牧草的"屮"写成"彐"（"又"的变形），至此甲、金、篆字形中与本义相关的"屮"形完全消失。古籍中常常"刍""豢"并提，用草料饲养牲口为"刍"，圈养繁殖家畜为"豢"。

【溯源】 邹姓是蚩尤支族姓。黄帝战败三苗九黎联盟后，蚩尤氏留在鲁西地区的一支改称邹屠氏，到颛顼（zhuān xū）、帝喾（kù）时生活在今山东、河南一带，以伊洛地区为中心。另外，舜之后有邹国，商朝侯国，在今山东邹城东南的古邾城。春秋初为曹姓邾人所夺，北迁于今山东邹平南，后为齐国所灭，子孙以国名为氏，称邹氏。邹姓的历史至少有3500年。

【掌故】 "五行创始人"邹衍（yǎn）

邹衍（前324—前250），战国末期齐国人。主要学说是"五行学说""五德终始说"和"大九州说"，又是稷下学宫著名学者，因他"尽言天事"，当时人们称他"谈天衍"，又称邹子。著有《邹子》一书，《永乐大典》等将其列入道家部。他的五行学说认为，"木生火，火生土，土生金，金生水，水生木"是五行相生的表现形式，说明事物之间有着对立统一关系。这体现了朴素唯物主义和辩证法的思想因素。同时他将五行说由自然界引申到社会变化、朝代更替中来，提出了"五德终始论"。邹衍还有一个重要的理论，就是"大九州"论，是说神州（中国）内的九州是小九州，神州之外还有同样的八个大州，连神州算在一起是大九州，这才是整个天下。这个"大九州"论，已大致符合今天世界大洲的景况。邹衍首先提出中国是海洋中的一块陆地，以及"近海"与"大洋"的概念。当年邹衍做学问的地方在齐国国都临淄的稷下学宫。这里是中国第一所由官方举办、私家主持的特殊形式的高等学府。后世常说的蔚为壮观的"百家争鸣"，就是以齐国稷下学宫为中心的，邹衍正是在这个"百家讲坛"推出了他的"大九州"说。

【拾艺】 邹韬奋书法

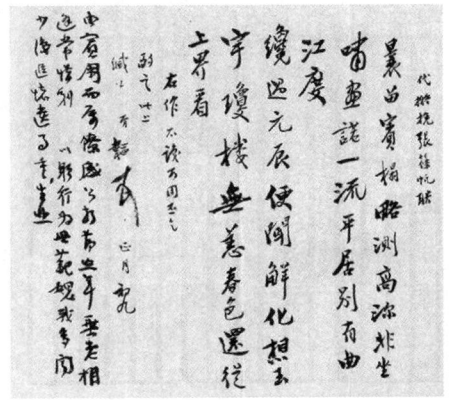

邹韬奋（1895—1944），本名恩润，乳名荫书。祖籍江西余江。近代记者和出版家。邹韬奋书法，端正昂扬，酣畅淋漓，字迹浑然一体，落落潇洒，激情昂扬，风骨峭立，像一首连绵不绝的中华赞歌，更像斗志昂扬的报晓雄鸡！

◎ 熊姓·文字演变

甲骨文	金文	小篆	隶书	楷书	行书	草书
商·殷墟	毛公鼎　诅楚文	说文解字	白石神君碑	颜真卿	王羲之	草书韵会

【解字】　"能"是"熊"的本字。能，甲骨文字形像大型动物，字形突出了它的大嘴和大爪。有的甲骨文突出猛兽的大嘴和四只利爪。金文将写成。造字本义：头大尾小的冬眠哺乳动物，脚掌粗短，能直立行走也能爬树。当"能"的"熊"本义消失后，诅（zǔ）楚文加"火"另造"熊"代替，表示大火可怖如猛兽；然而古人仍用"熊"表示猛兽的"能"，以至于出现"熊"既表示猛兽"能"、又表示"可怖的大火"的复杂用字现象。小篆基本承续诅楚文字形。

【溯源】　熊姓出自黄帝有熊氏之后，而黄帝又是伏羲的后裔。依据众多史料可知，伏羲号黄熊，黄帝号有熊，黄帝后裔楚国的历代君王也均以熊为姓，这个家族是以熊为崇拜物的氏族。

【掌故】　　　　　　北朝经学家熊安生

熊安生，字植之，长乐阜城（今河北阜城）人，北朝经学家，他潜心钻研，博采众说，通"五经"，精"三礼"，对于"五经"中先儒所未领悟的问题，他都能有所阐发，撰有《周礼》《礼记》《孝经》诸义疏。北周武帝天和三年（568年），周齐通好，北周派兵部尹公正为代表与齐人谈论《周礼》，当谈到《周礼》的疑难问题时，北齐代表张口结舌，无辞以对。北齐丁是派熊安生至宾馆与尹公正辩难，尹公正所提疑难问题，安生都能溯本探源，解说明白，使尹公正大为叹服。有诗为赞：周礼宏深熟讨论，銮舆造请亦登门。虽居异壤人争慕，纵阅千年书尚存。

【家训】　　　　　　熊氏家训选

一、孝。古语云：百善孝为先，忠臣出孝门。

二、悌。意为善待兄弟。

三、教。家族的兴旺在于教育，教育强则家族强。

四、正确处理家产问题。

（一）分家要公平、公正、平均分配，不得有恃强凌弱、恶意侵占族人财产的行为。如有此类不肖子孙，必遭天谴，死后不得以熊姓撰碑铭刻。

（二）团结互助、共谋发展。世界这么大，中国这么大，足够吾族发展，不得有加害同宗同室的行为。

五、赌博、嫖娼皆非正途。

六、族中子弟，上大学或从军，应共勉励之，激励其努力奋斗，成功成名，利国利家，光宗耀祖，为国争光，此族人之荣耀也。

七、士、农、工、商，皆系本业，留心学习，尽可为衣食之资。

八、男大当婚，女大当嫁。

九、诚信。"人而无信，不知其可"，诚信是一个人的立身之本，是做大事的资本，失信则失友，不得有不守承诺、背信弃义的行为。

十、祭祀祖祠、祖墓要心诚、严肃，不得有嬉笑、凶闹的行为。

解读　熊氏家训强调要孝敬父母和老人，尊敬兄长；要重视教育；要处理好家庭成员的关系；要做好人、走正道、讲诚信；要慎终追远，为国争光。

【拾艺】　　　　　　熊十力书法

熊十力（1885—1968），原名继智，号子真、逸翁，湖北黄冈人，著名哲学家、国学大师。

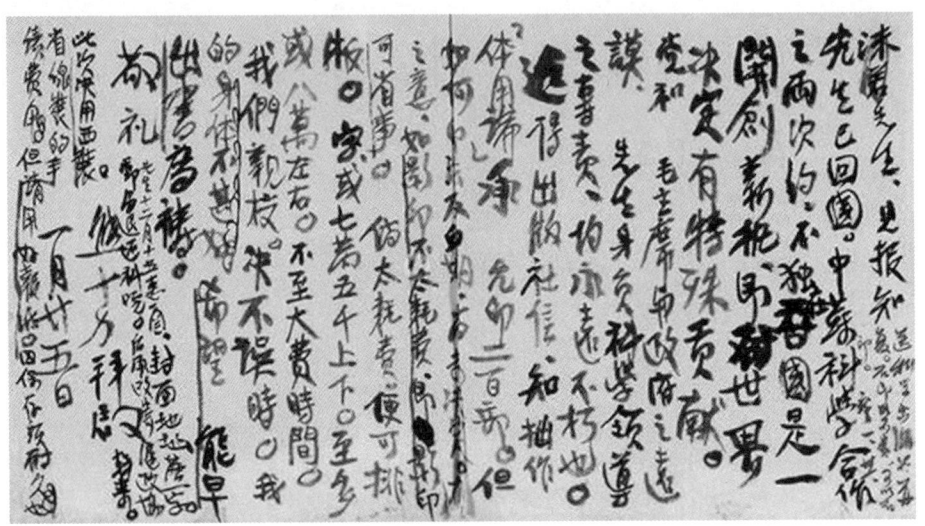

熊十力致郭沫若信札，镜心水墨纸本。

◎ 金姓·文字演变

金文				小篆	隶书	楷书	行书	草书
麦鼎	丰尊	毛公鼎	师寰簋	说文解字	汉帛书	娄寿碑	张猛龙碑	李世民	智永

【解字】 金，金文 ⋮= ⋮（沙粒）+ ♠（即"今" 今 的变形，是"含"的本字）+ 土（土，地矿），今，既是声旁也是形旁，是"含"的本字，表示包含。表示包含在泥沙中的矿粒。有的金文 全 写成混合结构，形象地表明颗粒形状的贵重矿物 ⋮ 包含 今 在泥沙 土 中。有的金文 金 将表示矿物颗粒的两点 ⋮ 写成四点 ⋮ ⋮，突出了金沙的"颗粒"形象。造字本义：一种藏于泥沙和冲积层中的粒状赤黄色贵重矿物。小篆 金、金 隶书基本承续金文字形。有的隶书 金 将早期隶书的"今" 今 省去一横，写成 今。

【溯源】 金姓源出金天氏。黄帝之子元枵（xiāo），亦作玄嚣，即少昊（少皞），是黄帝与方雷氏之子，名挚，初号青阳氏，己姓。少昊继承黄帝之帝位，以五行之首金统治天下，世称其有金德，故号金天氏，改为嬴姓，为东夷族联盟的首领。

【掌故】 "漆书鼻祖"金农

金农（1687—1763），字寿门、司农、吉金，号冬心先生等，钱塘（今浙江杭州）人，布衣终身。清代书画家，扬州八怪之首。嗜（shì）奇好学，工于诗文、书法，诗文古奥奇特，并精于鉴别。书法创扁笔书体，兼有楷、隶体势，时称"漆书"。年方五十，开始学画，由于学问渊博，浏览名迹众多，又有深厚书法功底，终成一代名家。其代表作有《腊梅初绽图》《铁轩疏花图》等,并著有《冬心诗集》《冬心随笔》《冬心杂著》等。

【家训】　　　　　金氏家训选

善则降祥,恶则致殃。天地祖宗,恩德难量。敬孝诚笃,祀祭馨香。
先圣先贤,效法维详。心存九思,行敦五常。雍和九族,扶掖匡襄。
信以践言,勿诳勿猖。慈惠卑下,拯济穷凉。有德必酬,有怨必忘。
帛财取义,俭乃久长。遵莫怠逸,寿福无疆。

——清·金子升

解读　平日行善,上天会给予吉祥;平日做坏事,则会招惹祸端。天地祖宗的大恩大德,难以度量。孝敬父母,诚实笃信,祭祀先人,馨德延长。对先知先贤们要效仿学习,使处事更缜密周详。心中长存九思,行为实合五常。使家族之内融洽和谐,互相帮扶提携,以守信实践承诺,不要狂妄。对下人要慈悲仁衷,救济帮助穷人。别人对自己有恩必须酬谢,对别人的怨恨一定要忘记。帛财取之有义,节俭生活,方得长久。勤勉莫多愁虑,心宽体健筋强。后天着意培植,精气势必汪洋。莫信邪端异说,不可扰纪乱纲。遵守承诺,不要怠慢轻薄。这样才能福寿无疆。

【拾艺】　　　　　金农书法

释文　长沙西南有金牛岩。汉武时,有田父牵一赤牛,告渔人欲渡江。渔人云:船小,岂胜得一牛。田父曰:但相容不重,君船于是人牛俱上,及半江,牛粪于船,田父曰:以此相赠既渡。渔人怒其污船,以挠拨粪于水,欲尽方知是金,诧其神异乃蹰之,但见人牛岭随至而掘之,莫能及也,今渔人掘处尚存。乙丑夏五,奉怀翁先生清鉴,古杭金农书。

◎ 陆姓·文字演变

甲骨文	金文	小篆	隶书	楷书		行书	草书
商·殷墟	朱公铊钟	说文解字	马王堆帛书	颜真卿	颜真卿	欧阳询	冯子振

【解字】 六，既是声旁也是形旁，是"庐"的本字，表示茅屋。陆，甲骨文（阜，盘山石阶，代表大山）+（两"六"即"庐"，大量草屋；表示茅草系扎的屋顶），表示有民居的大山。造字本义：古代有大量民居分布的大山。金文承续甲骨文字形。有的金文加"土"，表示居住范围从大山扩大到一般地域。小篆省去一个"六"。隶书将小篆的"阜"写成"左耳旁"，又将小篆的"中"（茅草屋顶）写成"土"。

【溯源】 一说出自颛顼。相传颛顼的后代吴回在帝尧时任火神祝融，他的儿子名终，因为生活在陆乡一带，所以叫陆终。他的后代有的就以陆为姓，称陆氏。一说出自陆浑国。春秋时有一国名为陆浑国，公元前525年被晋国所灭，亡国之后的陆浑国遗民以国为氏，称陆氏。

【掌故】   "中国茶圣"陆羽

陆羽（733—804），字鸿渐，复州竟陵（今湖北天门）人，唐代著名的茶学家，被誉为"茶仙"，尊为"茶圣"，祀为"茶神"，又号"茶山御史"。陆羽一生嗜（shì）茶，精于茶道，以著世界第一部茶叶专著《茶经》而闻名于世。他对茶叶有浓厚的兴趣，熟悉茶树栽培、育种和加工技术，并擅长品茗。《全唐文》中收录了《陆羽自传》。陆羽为世界茶业发展做出了卓越贡献。

【家训】　　　　　　　陆氏家训选

后生才锐者，最易坏。若有之，父兄当以为忧，不可以为喜也。切须常加管束，令熟读经学，训以宽厚恭谨，勿令与浮薄者游处，自此十许年，志趣自成。不然，其可虑之事，盖非一端。吾此言，后生之药石也，各须谨之，毋贻后悔。

——宋·陆游

解读　才思敏捷的孩子，最容易学坏。倘若有这样的情况，做长辈的应当把它看作堪忧的事，不能把它看作可喜的事。一定要经常加以约束和管教，让他们熟读儒家经典，训导他们做人必须宽容、厚道、恭敬、谨慎，不要让他们与轻浮浅薄之人来往。就这样十多年后，他们的志向和情趣会自然养成。不这样的话，那些可以担忧的事情就不会只有一个。我这些话，是年轻人治病的良药，都应该谨慎对待，不要留下遗憾。

【拾艺】 陆广《丹台春晓图》赏析

陆广,字季弘,号天游生,吴县(今江苏苏州)人,元代画家。擅画山水,取法黄公望、王蒙,风格轻淡苍润,萧散有致,后人评其格调在曹知白、徐贲之间。

此图仿黄公望画风,笔苍墨健,境界缥悠。远景层峦叠嶂,树木繁茂,山涧中房舍数间,炼丹石台一座;中景孤桥跨河两岸;近景松姿挺秀于溪岸。

◎ 郝姓·文字演变

小篆	隶书	楷书	行书	草书
郝	郝	郝	郝	郝
方去疾	李隆基	赵孟頫	敬世江	徐伯清

【解字】 郝，由赤字与邑部组成，赤是其本义之字。在甲骨文和金文中，赤字是由大、火组成的会意字，其本意是大火。火焰赤红，故引申为红色。凡火皆有明著之象，微火仅显荧荧之弱力，大火则示赫赫之强势，赤表示大火也。按古代五行学说，南方属火，其色为赤。在古天象中有南方之星，其中一颗最红最亮、光明显耀的星称为赤。在远古伏羲氏时代有郝省氏部落，郝省氏是郝氏族的前身，位于南方。这是一群崇拜大火和红色为氏族原始图腾的部落，其中一支以赤为其氏族的族徽和名称，所居之地称为"郝"，其后发展为姓，即郝姓。

【溯源】 郝姓出自子姓，其始祖为契，相传其为商的始祖，助禹治水有功，被舜任为司徒，掌管教化，居于商（今河南商丘南）。相传其母因吞玄鸟（燕）卵而生下他，故被赐姓子。后商族强大灭夏，建立商朝，殷商第27代天子帝乙即位时，将他的儿子子期封于太原郝乡，子期的子孙以地为氏，称郝氏。

【掌故】 郝隆晒书

西晋时期，大司马桓温手下的参军郝隆饱学多才，没有得到重用。他辞去参军的职务回故乡隐居。当地有七月七日晒衣服的风俗，家贫的郝隆解开衣扣袒胸露腹晒太阳,人们问他原因,他傲然地回答,自己在晒书。后来指人腹中装书,很有学问。

【家训】 郝氏家训选

一、饮酒不得醉,酒醉则罚。
二、衣冠须周整,不正则罚。
三、尊师当如父,不敬则罚。
四、求学务勤勉,怠惰则罚。
五、相处要和睦,离间则罚。
六、入庭则噤声,哗乱则罚。

解读 饮酒不要过量,渴醉要处罚;穿衣戴帽要整洁大方;不然要处罚。要像尊敬父亲一样尊敬老师,不然要处罚;学习要勤奋,懒惰要处罚;与人相处要和睦,挑拨离间要处罚;大庭广众要严禁大声喧哗,吵闹要处罚。

【拾艺】 郝澄《人马图》

郝澄,字长源,句容(今江苏句容)人,宋代画家。其代表作《人马图》为斗方册页,上有宋徽宗赵佶的题签"郝澄笔 丁亥御札"和花押,可谓不可多得的传世孤本。这幅画作描绘了马倌试图用手里的干草引诱一匹马。这匹马看上去疑心重重、小心翼翼,虽然很渴求食物,但仍摆出犹疑姿态。

郝澄《人马图》,长36 cm,宽33.1 cm,绢本设色,美国波士顿美术博物馆藏。

◎ 孔姓·文字演变

金文		小篆	隶书	楷书	行书	草书
孔鼎	史孔盉	说文解字	张迁碑	褚遂良	王羲之	赵佶

【解字】 金文在少年"子"的头部加一道弧线指事符号，代表扎束成辫的头发。古人认为头发是父母和上天所赐，不可轻易剪除，并以不同发型代表人生不同阶段。男孩成年时要束发系辫。造字本义：动词，古代男子在成年礼上束发系辫，以象征成年。小篆则将金文字形中表示发辫的指事符号写成"乙"，并与头部分离。隶书将小篆字形中的写成子。

【溯源】 "玄鸟殒卵"是东夷族的一个传说。少昊的后裔帝喾（kù）陪同妻子简狄和建疵（cī）到桑社游玩，飞来的燕子产了一卵，简狄把卵吞吃后就生了商的始祖契。所以"契"以子为姓。孔姓也是子姓的分支，以乙鸟为氏族原始图腾，以子为姓，是商人始祖，其后代建立了商朝。

【掌故】　　　　　　孔鲤趋庭

孔鲤是孔子的儿子，和孔子的弟子们一起学习。一天，孔子独自一个人站在庭院里，正好孔鲤走过来，孔子便问道："鲤儿，你学《诗》了没有？""还没有。"孔鲤回答。"那你应该回去好好去学，不学好《诗》，就不能很好地表达自己的思想。"孔子说。孔鲤听了，就回去苦读《诗经》。

又有一天，孔鲤又碰到独自一人站在庭院中的父亲。孔子问："鲤儿，你学

《礼》了吗?""还没有。"孔鲤老老实实地回答。"那你回去好好地读《礼》,不学好《礼》,就不懂得立身做人的道理。"孔子说。于是,孔鲤又回去认真地研读《礼》。孔子有个名叫陈亢的弟子,两次都看到孔鲤和孔子单独在一起的情形,怀疑孔子对儿子有些什么特别的传授,便问孔鲤说:"你在你父亲那儿,得到过什么别人不知道的教导吗?""没有。两次我单独遇到父亲,一次要我好好读《诗》,一次要我好好学《礼》。"孔鲤回答说。陈亢听了,高兴地说:"我问你一件事,却知道了三件事,一是要读《诗》,二是要学《礼》,第三是君子对自己的儿子并没有什么偏爱。"后来,"孔鲤趋庭"这一典故,用来指子女、学生接受家长、老师的教诲。用"鲤庭"表示教育的场所。

【家训】　　　　　孔氏家训选

一、春秋祭祀,各随土宜,必丰必洁,必诚必敬,此报本追远之道,子孙所当知者。

二、谱牒(dié)之设,正所联同支而亲一本,务宜父慈、子孝、兄友、弟恭,雍睦一堂,方不愧为圣裔。

三、遵儒重道,好礼尚德,孔门素为佩服,为子孙者,勿嗜(shì)利忘义,出入衙门,有愧先德。

四、孔氏子孙流寓各府州县,朝廷追念圣裔,优免差徭,其正供国课,只凭族长催征。皇恩深为广大,宜各踊跃输将,照限完纳,勿误有司奏销之期。

五、谱牒家规,正所以别外孔而亲一本。子孙勿得勾相眷换,以混来历宗枝。

六、婚丧嫁娶,理论守重,子孙间有不幸再婚再嫁,必慎必戒。

(孔)祥熙
(乔大壮　刻)

令仪

孔宋霭龄

七、子孙出仕者,凡遇民间词讼,所犯自有虚实,务从理断而哀矜勿喜,庶不愧为良吏。

八、圣裔设立族长,给予衣顶,原以总理圣谱,约束族人,务要克己秉公,庶足以族望。

九、孔氏裔孙，男不得为奴，女不得为婢，凡有职官员不可擅辱，如遇大事，申奏朝廷，小事仍请本家族长查究。

十、祖训宗规，朝夕教训子孙，务要读书明理，显亲扬名，勿得入于流俗，甘为下人。

解读 孔子第七十六代孙孔令绍谈到孔氏家规时称：家风和家规是家庭教育的鸟之两翼，车之两轮，一个是软影响，一个是硬约束。清代中期，我的高祖孔宪珍秉承祖上家风，耕读传家。他本人成为朝廷御批的七品执事官。家里房产上百间，土地百余亩。他有四个儿子，八个孙子。要管理这样一个几十人的大家庭，必须要有软影响和硬约束。因此，他就拟定了一套家规：黎明即起，洒扫庭除；自载检点，不扯滥（làn）务；居身简朴，辛勤劳杵（chǔ）；一丝一缕，恒念力扬；粗茶淡饭，慎近酒酤（gū）；恪守信义，邻里互助；忠厚传家，苦读诗书；振振绳绳，繁我孔族。

【拾艺】

孔尚任书法

孔尚任，字聘之，又字季重，号东塘，别号岸堂，自称云亭山人。山东曲阜人，孔子六十四代孙，清初诗人、戏曲作家。

释文 尘积青衫几碎琴，水边偶到似孤云。诗狂不断还山句，马癖难消入世心。催促客程惟柳影，勾留仙梦是蝉音。虚亭野渚无人处，白发吟秋意最深。依韵奉题，仲景老年道翁照卷。云亭山人孔尚任。

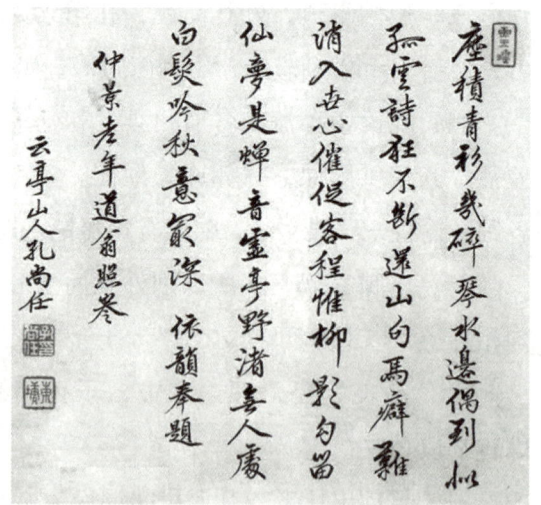

孔尚任《行书题仲景小照卷》，纵34 cm，横38 cm，纸本。中国国家博物馆藏。

◎ 白姓·文字演变

甲骨文			金文	小篆	隶书	楷书	行书	草书
商·殷墟			作册大鼎	说文解字	马王堆帛书	张猛龙碑	王铎	王羲之

【解字】 "白"是特殊指事字，甲骨文像是由双舌、重叠，表示不停地说话。有的甲骨文清晰显示双舌、交叠的形象。有的甲骨文则由三舌、、重叠，强调费尽口舌，极力说明。有的甲骨文简化双舌重叠的形象。金文承续甲骨文字形，有的金文像是"舌"形与"曰"的混合。小篆变成"曰"（说）字加一竖指事符号，表示"曰（说）"的动机或结果（清楚）。造字本义：动词，费尽口舌，极力说明。

【溯源】 白姓，一支出自芈（mǐ）姓，源于颛顼帝的裔孙白公胜之后，以封邑名为姓；一支出自嬴姓，秦武公去世后，其弟德公继位，并封秦武公之子公子白于平阳（今陕西岐山一带），其后世子孙以白为氏。另，相传出自炎帝大臣白阜，为神农氏通水脉，其后有白氏。

【掌故】 白英治水

白英（1353—1419），字节之，山东汶上白家店人，自幼聪慧好学，早年以耕田为业，十分了解汶上的地理水势，是明初著名农民水利家。元代开凿京杭运河，汶上南旺地段是大运河的"水脊"，成了运河畅通的难题。明朝初期，工部尚书宋礼采纳白英的建议，在戴村筑坝，建分水工程，使汶水西行，从南旺入运河，七分向北流，进入临清，接通卫河；三分向南流，进入泗河、淮河。民间形象的说法是,"七分朝天子,三分下江南"。此后又在南旺分水处建起了龙王庙,称为"南旺分水龙王庙",被誉为"北方都江堰"。南旺分水工程,坝址选定合理,符合水往低处流的自然规律,至南旺水脊分水,疏浚三湖。白英抓住了"引""蓄""分""排"四个关键环节,实现了蓄泄得宜、运用方便。该工程具有高度的科学性,是我国京杭大运河史上的一个伟大创举。

【家训】　　　　白氏家训选

勿慕贵与富,勿忧贱与贫,自问道何如,贵贱安足云?
闻毁勿戚戚,闻誉勿欣欣,自顾行何如,毁誉安足论?
无以意傲物,以远辱于人,无以色求事,以自重其身。
游与邪分歧,居与正为邻。
修外以及内,静养和与真,养内不遗外,动率义与仁。
千里始足下,高山起微尘,吾道亦如此,行之贵日新。
不敢规他人,聊自书诸绅,终身且自勖(xù),身殁(mò)贻后昆。
后昆苟反是,非我之子孙。

——唐·白居易

解读　不要羡慕高官和财富,不要为地位卑贱和贫穷而忧心,要自问执行儒家之道怎么样,富贵贫贱说它干什么?听人说我坏话不要忧虑,听人说我好话也不要得意,但自问自己的行为怎么样,说好说坏哪值得去谈论?不要凭自己的想法去轻

视他人,以免做出取辱于人的事情,不要看别人的眼色去做事情,要尊重自己。交游时要与邪道划清界限,居住时要与正派人家为邻居。修身兼及内外,静心培养祥和与天真本性,修养内心也要注重外表,一举一动都要遵循仁义道德。行路千里从脚下起步,巍巍高山靠细微的尘土堆积,我

儒家之道也是如此，只有坚持不懈才会天天有所创新。此训不敢劝他人，我把它书写下来带在身上，并且终身勉励自己，死后留给我的子孙。子孙若有违反，他就不是我的子孙。

【拾艺】 白玉蟾书法

白玉蟾，琼州（今海南琼山）人，一说闽清（今属福建）人，宋代名士，诏封紫清真人。博览群书，善书，工画，著有《海琼集》等。

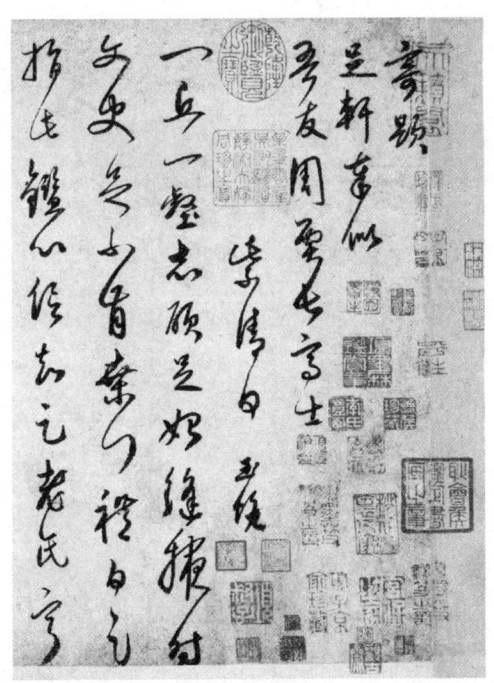

白玉蟾《足轩铭》手卷，草书，纸本，纵32.5 cm，横81.5 cm，22行，195字。北京故宫博物院藏。

白玉蟾《足轩铭》手卷作于宋理宗宝庆二年（1226年），白玉蟾时年33岁。此件书法行草相间，结体率意而不失沉蕴，笔势清劲爽健，用意超凡脱俗，有晋人风度，为名家精品，世所罕见。

◎ 崔姓·文字演变

小篆	隶书	楷书	行书	草书
崔	崔	崔	崔	崔
说文解字	何绍基	敬使君碑	苏轼	邢慈静

【解字】 隹，既是声旁也是形旁，表示飞鸟。崔，小篆崔＝山（山，高山）+隹（隹，飞鸟），表示山高、连鸟都难以飞越。造字本义：形容词，山峰奇高，纵使飞鸟也难以飞越。

【溯源】 崔姓出自姜姓，西周时，齐丁公伋的嫡子季子把君位让给弟弟叔乙，自己到崔邑（今山东章丘）定居，从此称为崔氏，成为崔氏的得姓始祖。

【掌故】 　　　　崔颢题诗在上头

崔颢（hào）是唐代大诗人。最为人称道的是他那首《黄鹤楼》。传说李白登上黄鹤楼时，被楼上楼下的美景引得诗兴大发，正想题诗留念时，忽然抬头看见楼上崔颢《黄鹤楼》的题诗：

昔人已乘黄鹤去，此地空余黄鹤楼。
黄鹤一去不复返，白云千载空悠悠。
晴川历历汉阳树，芳草萋萋鹦鹉洲。
日暮乡关何处是？烟波江上使人愁。

李白读后叹气说："眼前好景道不得，崔颢题诗在上头！"李白一直记着这件憾事，总想有机会写首诗和崔颢的那首比一比。后来，李白在游金陵凤凰台的时候，仿效崔颢的诗，写了一首《登金陵凤凰台》：

凤凰台上凤凰游，凤去台空江自流。
吴宫花草埋幽径，晋代衣冠成古丘。
三山半落青天外，二水中分白鹭洲。
总为浮云能蔽日，长安不见使人愁。

李白的这首诗也成为历代传诵的名作，在诗坛上两"鸟"比翼齐飞，嘤嘤相鸣，留下一段佳话。

【家训】　　　　　崔氏家训选

无道人之短，无说己之长。施人慎勿念，受施慎勿忘。
世誉不足慕，唯仁为纪纲。隐心而后动，谤议庸何伤。
无使名过实，守愚圣所臧。在涅贵不缁，暧（ài）暧内含光。
柔弱生之徒，老氏诫刚强。行行鄙夫志，悠悠故难量。
慎言节饮食，知足胜不祥。行之苟有恒，久久自芬芳。

——东汉·崔瑗（yuàn）

解读　不要津津乐道于人家的短处，不要夸耀自己的长处。施恩于人不要再想，接受别人的恩惠千万不要忘记。

世人的赞誉不值得羡慕，只要把仁爱作为自己的行动准则就行了。审度自己的心是否合乎仁而后行动，别人的诽谤议论对自己又有何妨害？

不要使自己的名声超过实际，守之以愚是圣人所赞赏的。洁白的品质，即使遇到黑色的浸染也不改变颜色，才是宝贵的。表面上暗淡无光，而内在的东西蕴含着光芒。

老子曾经告诫过：柔弱是有生命力的表现，而刚强和死亡接近。庸鄙的人有刚强之志，时间久远，

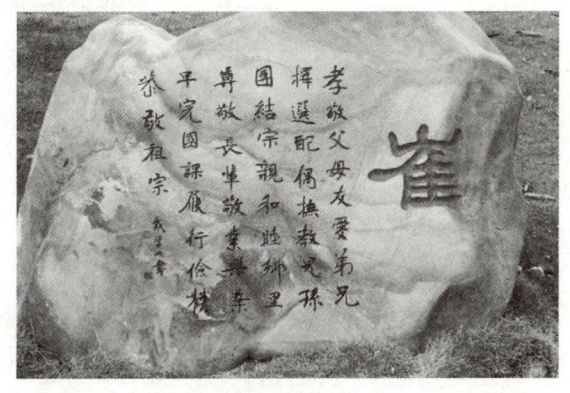

他的祸更重。

君子要慎言，节饮食，知足不辱，才能去除不祥。如果持久地实行它，久而久之，自会芳香四溢。

【拾艺】 崔子忠画作

崔子忠（1574—1644），初名丹，字开予，后改名子忠，字道母，号北海，原籍北海（山东省莱阳市）人，明代画家。居住于顺天府（今北京），曾经师从董其昌。崔子忠可以说是一位爱国画家，取法唐宋，颇具古意，与陈洪绶齐名，有"南陈北崔"之称。

崔子忠《鹅》

◎ 康姓·文字演变

甲骨文	金文	小篆	隶书	楷书	行书	草书
商·殷墟	康侯簋	说文解字	华山庙碑	元嵩墓志	智永	解缙

【解字】 "康"是"穅"的本字，而"糠"是"穅"的异体字。康，甲骨文=（倒写的人，"屰"）+（倒写的"其"，簸箕）+（屑末），表示逆风扬箕，扬去糙米中的屑末糠粉。有的甲骨文将倒写的"人"（屰）写成"干"，将"其"形的写成双手。金文、承续甲骨文字形。小篆将金文字形中的糠粉状写成"米"，表示扬糠选米。造字本义：动词，风中扬糠，优选白米。隶书将小篆字形中的双手状写成。当"康"的"扬糠"本义消失后，小篆再加"禾"另造"穅"代替。楷书异体字"糠"则用"米"代替"禾"，强调"穅"是谷子舂（chōng）米产生的粉屑。中医称体形挺拔强壮为"健"，强调躯干外形的结实；称体内滋润和谐为"康"，强调代谢状态的安适自在。

【溯源】 康人是善于种植粮食的群体，特别是在产粮丰富地区的群体。康姓的始祖是周武王的同母弟弟姬封，西周初被封于康地而称为康叔。他的子孙就以其谥（shì）号中的康为姓。以康为氏族的原始图腾。

【掌故】 "唐代琵琶家"康昆仑

康昆仑，唐代著名琵琶演奏家，宫廷乐师，西域（今新疆一带）人。是唐德宗至宪宗（780—820）时期颇有影响力的音乐家，善弹琵琶。成名后，他又曾向当时的音乐大师段善本学艺,技艺精进,善弹《道调凉州》,誉为"长安第一手"。唐宪宗时,康昆仑尚在从事琵琶演奏,据《旧唐书·让皇帝宪传》记载:宪子亦知音,闻康昆仑奏琵琶曰:琵声多琶声少,可弹五十四条大琴弦。

【家训】　　　　　河南巩义康百万家训

经商结交务存吃亏心,酬酢(chóu zuò)务存退让心,日用务存节俭心,操持务存感恩心。愿使人鄙我疾,勿使人防我诈也。前人之愚,断非后人之智所可及,忠厚留有余。

解读　与人经商的过程中一定要有吃亏心,吃亏是福;与人交往的时候要有退让心,退一步海阔天空;日用生活开支务必存有节俭之心;操持世事,务必要存感恩之心。宁愿让别人看到我身上有一些小缺点而轻视,也不要让世人觉得我奸诈而产生强烈的抗拒和防备心理。前人的忠厚秉性、大智若愚,是我们后人的智慧所不能企及的。所以,我们要"忠厚退让",留有余地。

康氏留余匾:留有余,不尽之巧以还造化;留有余,不尽之禄以还朝廷;留有余,不尽之财以还百姓;留有余,不尽之福以还子孙。

【拾艺】　　　　康涛《华清出浴图》

康涛，雍正、乾隆年间画家，钱塘（今杭州）人。以人物画著称，承明代仇英，尤求白描传统，用笔工整，形象静逸。他的《华清出浴图》，绢本，设色，纵120 cm，横66 cm。现藏天津艺术博物馆。此图以杨贵妃出浴为题，图中杨贵妃的云鬓松挽，身披罗纱。两个小宫女端着香露，跟随其后。人物用笔工整细致。线条多用铁线描，流畅圆润，飘逸不凡。敷色十分讲究，体现出不同衣料的质感。人物造型准确，虽用笔细致，却无媚俗之感。

◎ 毛姓·文字演变

金文	金文	小篆	隶书	楷书	行书	草书
毛公旅鼎	召伯毛鬲	说文解字	曹真碑	智永	赵孟頫	敬世江

【解字】 毛，金文字形，像是在土地（土）上长出枝蔓茂盛的草（两个"屮"，即"丰"）。造字本义：地上长草。有的金文和小篆省去了"土"。隶书毛变形较大，从此不见"屮"（草）形。

【溯源】 毛姓出自姬姓，以国为氏，周武王灭商后，封弟弟叔郑于毛国（今陕西岐山、扶风一带），世称毛公。亦有少数来自少数民族改姓。

【掌故】 毛遂自荐

毛遂是战国时期赵国公子平原君赵胜的门客。公元前257年，秦昭王派兵围攻赵国邯郸。赵孝成王派平原君去楚国求援，临行前，平原君准备挑选二十名文武门客随同前往，已选中十九人，尚缺一人。这时，门客毛遂自告奋勇，愿与平原君同往。平原君问："毛先生至赵国几年？"毛遂答："三年"。平原君又问："先生若为圣贤之辈，三年未曾被人称颂，是先生无才能也。"毛遂答：吾乃囊中之锥，未曾露锋芒，今日得出囊中，方能脱颖而出。"平原君心悦诚服，率毛遂等二十人前往楚国。至楚国后，平原君与楚王谈判半天没有成效，毛遂手拿宝剑走上宫殿，陈述利害关系，终于打动楚王出兵，联合抗击秦国的侵略。毛遂立了大功，平原君称赞说："毛先生以三寸之舌，强于百万之师。"后用"毛遂自荐"比喻自告奋勇，自我推荐去做某项工作。

【家训】 　　　　　　　毛氏家训选

孝悌家庭顺，清忠国祚（zuò）昌。礼恭交四海，仁义振三纲。
富贵由勤俭，贫穷守本良。言行防错过，恩德应酬偿。
正大传耕读，公平作贾商。烟花休入局，赌博莫从场。
族党当亲睦，冤仇要解忘。奸谋身后报，苛刻眼前光。
王法警心畏，阴功用力禳（ráng）。一生唯谨慎，百世有馨香。

毛泽东
（邓散木　刻）

解读　毛氏家训强调孝悌为本、耕读传家、去恶扬善、谨慎做人。

【拾艺】 　　　　　　　毛泽东书法

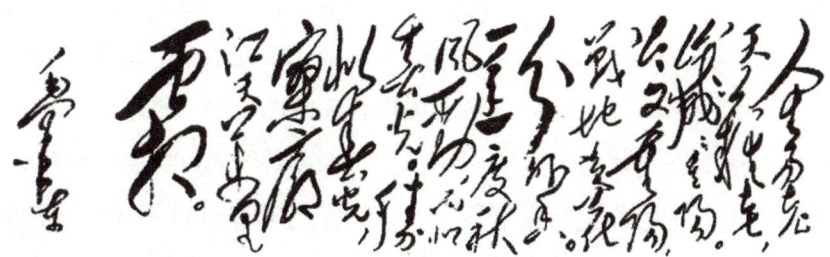

释文　人生易老天难老，岁岁重阳。今又重阳，战地黄花分外香。
　　　　一年一度秋风劲，不似春光。胜似春光，寥廓江天万里霜。

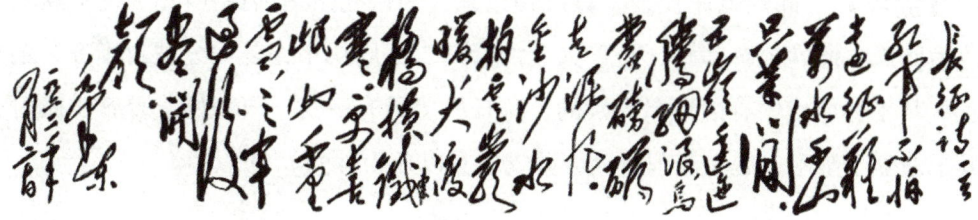

释文　红军不怕远征难，万水千山只等闲。五岭逶迤腾细浪，乌蒙磅礴走泥丸。
　　　　金沙水拍云崖暖，大渡桥横铁索寒。更喜岷山千里雪，三军过后尽开颜。

◎ 邱姓·文字演变

甲骨文	金文	小篆	隶书	楷书	行书	草书
商·殷墟	子禾子釜　商丘叔簋	说文解字	居延简	虞世南	李世民	鲜于枢

【解字】 丘，甲骨文的"丘"与"山"相似，不同之处在于，"山"有三个峰头，"丘"只有两个峰头。造字本义：两峰相连的山。有的甲骨文有所变形，强调山峰突出于地平线。金文变形，突出相连的两座峰尖，淡化了地平线。有的金文在早期金文基础上继续变形，误将两座峰尖写成两个相背的"人"形，山形尽失。小篆承续金文字形。隶书将小篆的两个"人"变形。楷书则将两个"人"分别写成"亻"和"丁"，至此"山"形彻底消失。两峰相连或零散不成方向的小山叫"丘"，众峰（三峰）相连形成一定走向的群峰叫"山"。后来人们在丘字的基础上加"邑"部，成为"邱"，表示地名。

【溯源】 邱姓也作丘姓。自汉朝以来，为避孔子之名讳（huì），不断有丘氏改为邱氏。邱姓出自姜姓，是姜太公的后裔。西周初年，姜太公被封于齐，定都营丘，其子孙后代中有以地名为姓的，称丘姓。另有一支出自姒姓，夏帝少康时，封其子曲烈于鄫国，后为莒国所灭，分支中有以丘为姓的。

【掌故】 南朝文学家丘迟

丘迟（464—508），字希范，南朝文学家，吴兴乌程（今浙江湖州）人，八岁能文，初仕南齐，官至殿中郎、车骑录事参军。他诗文辞采逸丽，也擅诗词。南朝文学批评家钟嵘将丘迟与范云并列,称"范诗清便宛转,如流风回雪。丘诗点缀映媚,似落花依草,故当浅于江淹,而秀于任昉"。但他最负盛名的不是诗,而是骈文《与陈伯之书》。最后一段"暮春三月,江南草长,杂花生树,群莺乱飞",用江南风物打动陈伯之的故国之思,情景交融,清新明丽,是历来为人传诵的名句。清代诗人宋湘有诗为赞:文章妙绝有丘迟,一纸书中百首诗。正在将军旗鼓处,忽然花杂草长时。

【家训】 邱氏家训选

遇善事而行不力,将为天理所不容。当视为己分应为,毋(wú)杂以求名之念。

——节录自《葵园四种》

解读 刘承干(1882—1963),字翰怡,浙江省吴兴人,藏书家。刘承干的母亲邱氏系清代浙江乌程县人,刘承干的父亲刘安澜官至工部郎中,但中年早亡。邱氏遵其夫遗嘱,含辛茹苦,精心养育刘承干成才。受母亲影响,刘承干曾捐巨资赈济地方之灾。在平日,他的母亲常常这样教导:我们家继承先人遗留下来的恩惠很丰厚,遇到可以行善的事而不尽力的话,将会天理不容。应当看作自己分内应做的事情,且不要掺杂求名的念头,实实在在为老百姓做点好事。

【拾艺】　　　　　邱瑶姿画作

邱瑶姿，字伯馨，合县（今福州）人，清代画家。诗近晚唐，词学石帚①、玉田②。画则花卉、仕女俱长。

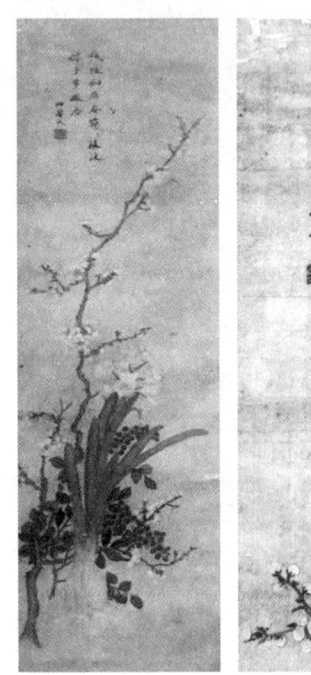
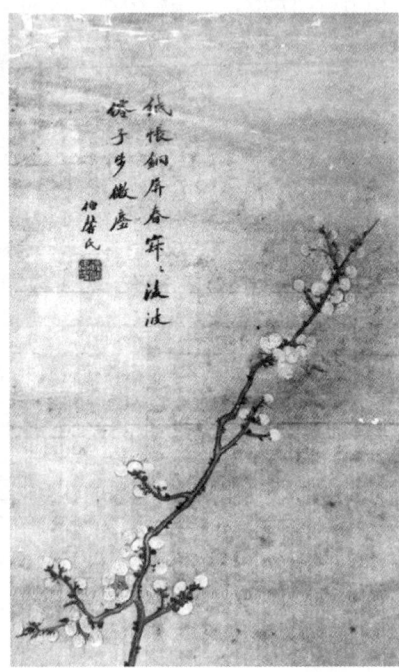

① 石帚，南宋词人，姓姜，名夔，字尧章，号石帚。
② 玉田，南宋词人，姓张，名炎，字叔夏，号玉田。

◎ 秦姓·文字演变

甲骨文		金文		小篆	隶书	楷书	行书	草书
商·殷墟		史秦鬲	匍簋	说文解字	曹全碑	张猛龙碑	董其昌	孙过庭

【解字】 秦，甲骨文作 ※、※，上部是双手持杵 ※、※，下部是成堆稻谷 ※，表示用杵状农具打谷脱粒。造字本义：打谷脱粒。金文 ※、※ 承续甲骨文字形。小篆 ※ 将金文字形中的 ※ 简化成 ※。隶书 秦 将小篆字形中双手持杵的形状 ※ 写成 夫。

【溯源】 秦是秦族的族称，出自嬴姓。秦姓的先祖可追溯到4000多年前的少昊金天氏。少昊氏族是以凤凰为图腾的东夷族的一支，其后裔皋陶在尧舜时掌管刑法和司法。皋陶之子伯益掌管火种和驯养兽鸟，因助大禹治水有功而得姓嬴。进入西周后，伯益的后裔非子为秦部落的首领，善于驯马，秦部落在汧、渭两水之间的地区牧马（地处今陕西西部），所供马匹深得周孝王的喜欢，周孝王封非子于秦亭（今甘肃清水一带），为周朝附庸。非子曾孙秦仲，为周宣王大夫，征讨西戎阵亡，其子秦庄公继续征讨，获胜并收复失地，被周天子封为西垂大夫。秦庄公次子秦襄公讨西戎、护周平王东迁洛邑有功，被封为诸侯，并赐以岐山以西之地。秦襄公正式建立了秦国。后秦穆公攻灭12国，称霸西戎，秦国开始强大起来。秦孝公任用商鞅变法，国力富强，再东移都城到咸阳（今陕西咸阳市东），成为战国七雄之一。秦惠王夺河西、灭巴蜀、取汉中。秦昭王不断夺得魏韩赵楚等国之地。公元前221年，秦始皇灭六国，建立秦朝。秦朝历二世，后为刘邦所灭。子孙遂以国为姓，即秦姓。

【掌故】 <center>"神医"扁鹊</center>

扁鹊,原名秦越人,又号卢医,是战国时期的医学家。总结出中医的望、闻、问、切诊断法,开启了中医学的先河。

一次,扁鹊到了虢(guó)国,听说虢国太子暴亡不足半日,还没有装殓(liàn)。于是他赶到宫门告诉中庶子,称自己能够让太子复活。中庶子认为他所说是无稽之谈。扁鹊长叹说:"如果不相信我的话,可试着诊视太子,应该能够听到他耳鸣,看见他的鼻子肿了,并且大腿及至阴部还有温热之感。"中庶子闻言赶紧入宫禀报,虢君大惊,亲自出来迎接扁鹊。

扁鹊说:"太子所得的病,就是所谓的'尸厥'。阴阳二气失调,内外不通,上下不通,导致太子气脉纷乱,面色全无,失去知觉,形静如死,其实并没有死。"扁鹊命弟子协助用砭(biān)针进行急救,不久太子果然醒了过来。这件事传出后,人们都说扁鹊有起死回生之术。

【家训】 <center>秦氏家训选</center>

来源于秦良玉父亲秦葵"执干戈以卫社稷"的庭训,定型于秦葵堂弟、秦良玉堂叔秦弁(biàn)于明嘉靖九年(1530年)所编修的《秦氏家乘》。

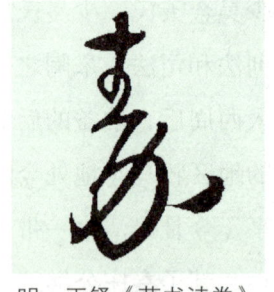

明·王铎《草书诗卷》

《秦氏家乘》共有家规十条,家训八条。秦氏家规的核心理念是"遵纪守法""寓兵于农""忠贞爱国""勿越规矩",要求秦氏族人在遵循家规的基础上,做到"崇祖德,守邱墓;重家塾,敦人伦;守恒业,正心术;端风俗,示激劝"。

秦氏家规家训的主要特色在于其强调了国和家的关系,即"国大于家""先国后家",家规第一条就要求子孙"遵国家法制,正赋当及期而供",并且对"家""国"的关系有深刻的认识,秦氏家训提到"端一族之风俗,而一家因之",认为社会风气的形成受千千万万个家庭的家风影响。此外,秦氏家规家训要求子孙除了重视耕读、崇文重教外,还要强身练武,"今族中子弟强有力者,宜于农闲时练武艺"。

《秦氏家乘》教育出了满门忠烈的秦良玉一家——秦良玉一家兄弟子侄（包括自己的独生子）前后七人为国捐躯，秦良玉本人则多次为国建"首功""第一功"，成为一代巾帼英雄。

【拾艺】 秦祖永画作

秦祖永（1825—1884），号楞烟外史，清代画家。工诗文，尤嗜书画，以山水见长，"晚清海派六十家"之一。

◎ **江姓**·文字演变

金文	小篆	隶书	楷书	行书	草书
江小仲鼎	鄂君舟节	说文解字	张寿残碑	虞世南	黄庭坚	怀素

【解字】 工，既是声旁也是形旁，是"巨"的本字，表示大。江，金文=工（工，即"巨"，大）+水（水，河），表示特大河流。造字本义：中华最大河，发源于中国西北，由西至东流经中国中南部广大地区，流入东海的河流。小篆承续金文字形。隶书将小篆的写成。"工"在汉字中除了表示"精巧"，通常还有"巨大"的意思：大河为"江"，大穴为"空"，大虫（龙）为"虹"，大贝为"贡"，大棍为"杠"，大瓮为"缸"。在造字时代，水流的源头叫"泉"，由山泉汇成的水叫"涧（jiàn）"，山涧在地面汇成的清流叫"溪"，众多小溪汇成的水流叫"川"，众多川流汇成的大川叫"河"，最大的河叫"江"。

【溯源】 江姓出自嬴姓，传说是"五帝"时代少昊金天氏的后裔，以嬴为姓。江人是东夷嬴姓部落一支，随着东夷部落的强大，江人一路迁徙到江汉流域，商朝时，江人在江亭（今河南正阳大林乡涂店一带）建立了江国。周武王灭商后，南方的楚国逐渐强大起来，不断向北扩张，江国等小国纷纷依附于楚国，一直到春秋中叶，前623年，楚穆王灭了江国，江国国人遂以国名为姓，称江姓。

【掌故】 江革负母

江革负母，是《二十四孝》之一。讲述的是东汉初年著名孝子江革背母逃难并侍奉母亲的动人故事。

东汉初年，各地战乱不断，盗贼四起。盗贼不仅抢财物，还常常把家中的男子抓去，逼着他们入伙。江革为了避乱，干脆和母亲一起逃难。母亲年迈，腿脚不方便，为了尽量减少母亲的颠沛流离之苦，江革整天背着母亲奔波。连盗贼也无不被他的孝心所感动，所以不忍杀他，更不忍把他劫走。就这样，江革屡次化险为夷。后来，江革的孝行感动了地方官，被举荐做了"孝廉"。

【家训】 江文忠家训

父之所贵者慈也，子之所贵者孝也，君之所贵者义也，臣之所贵者忠也，兄之所贵者爱也，弟之所重者敬也，夫之所贵者和也，妇之所重者柔也，事师长贵乎礼也，交朋友贵乎信也。见长者敬之，见幼者爱之。有德者年虽下于我，我必尊之，不肖者年虽高于我，我必远之。仇将以义解之，怨者以直报之。人有恶则掩之，人有善则扬之。人有小过含而容忍之，人有大过以理而责之。勿以恶小而为之，勿以善小而不为。处公无私仇，治家无私法。勿损人而利己，勿妒贤而嫉能。见非义之财则勿取，遇合义之事则从。诗书不可不学，礼义不可不知。子孙不可不教，奴仆不可不恤。守我之分者礼也，听我之命天也。人能如是，天必相知。此乃日用常行之道，若衣服之于身体，饮食之于口腹，不可一日无也，可不谨哉，可不慎哉！

解读 江万里（1198—1275），初名临，字子远，号古心，南康军都昌（今江西都昌）人，谥文忠，南宋爱国丞相，教育家。江氏家训明确了如何做父子、兄弟、夫妻的道理，如何交友处事；如何与人为善，诗礼传家。强调"人能如是，天必相知。"

【拾艺】 江介《争艳图》

江介,原名鉴,字石如,浙江杭州人,清代画家。初学陈洪绶,后师陈淳。亦工书法,书学欧阳询,兼擅篆刻,与钱塘赵之琛抗手。此画设色纸本,扇页,款识:西珍六兄属,石如江介。钤印:石如(朱)。

◎ 史姓·文字演变

甲骨文	金文	小篆	隶书	楷书	行书	草书
ᕗ	ᕗ	ᕗ	史	史	史	史
商·殷墟	毛公鼎	说文解字	孔彪碑	张猛龙碑	李邕	孙过庭

【解字】 史，甲骨文ᕗ=中（中，即"仲"的本字，仲裁决断）+乂（又，手，表示持笔记述），表示仲裁并记述。造字本义：在星象观测、凶吉卜筮等重大活动中做出论断并记录在册。金文ᕗ、小篆ᕗ承续甲骨文字形。古代称博学的文职官员为"史"，称行政管理官员为"吏"。

【溯源】 史姓，一支源于妫姓，出自黄帝时创造文字的史皇氏仓颉（jié），属于以官职称谓为氏；一支源于姬姓，出自周朝太史尹佚（dié），也是以官职为氏。

【掌故】   "古代思想家"史伯

  史伯，西周末期人，思想家，掌管起草文告、策命诸侯、记录史事、编写史书，兼管国家典籍、天文历法等，是比老子、孔子早二百多年的伟大思想家，不为常人所知，但在中国思想史、哲学史上占有重要位置，故学者在系统的专著中无不提及。

  史伯提出了"和实生物，同则不继"的哲学命题。"和"是指事物多样性的统一；"同"是指无差别性的单一事物，如不与另一事物相"和"，就不能产生出新的事物来。史伯第一次辨析了"和"与"同"的概念，认为不同的事物互相结合才能产生百物，如果同上加同，不仅不能产生新的事物，而且世界的一切也就变得平淡无味，没有生气了。史伯的这个思想体现了朴素的唯物主义和辩证法因素，在中国思想史与哲学史上具有里程碑意义。

【拾艺】 　　　　　　　　史晨碑书法

史晨，字伯时，河南人，东汉时期鲁相，曾为祀孔而以隶书作碑，立于孔庙，史称"史晨碑"。该碑建于东汉灵帝建宁二年（169年），距今已有1800多年。碑上所刻的文字，就是当时鲁相史晨祀孔子的文章，分为前后两碑，前碑载奏章，后碑叙飨（xiǎng）礼之事，迄今全文完整可诵，隶书神碑超逸，端正谨严，为后世书法研习者所宗。

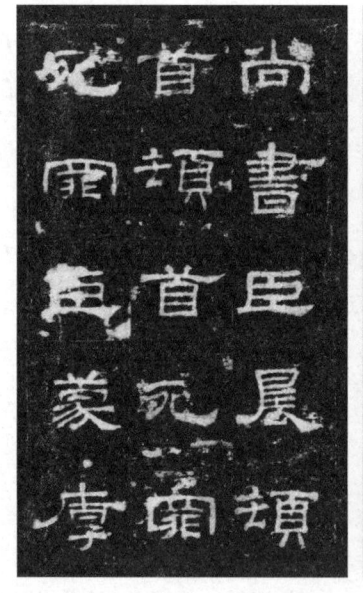

◎ 顾姓·文字演变

甲骨文	小篆	隶书	楷书	行书	草书
商·殷墟	说文解字 说文解字	帛书	颜真卿　柳公权	欧阳询	蒋善进

【解字】 顾，繁体作"顧"，"雇"是"顧"的本字。户，既是声旁也是形旁，表示家门，代指家居、家园。雇，甲骨文=戶（户，门，家园）+隹（隹，候鸟），表示迁徙的候鸟降落在家园。在天人合一的思想普遍流行的远古时代，淳朴的先民将以"人"字阵形迁徙的候鸟视为"天鹅"加以崇拜，相信它们有特殊而神奇的力量；每当候鸟访问家园时，便给水喂食，用心照看，以确保天鹅短暂休整之后可以继续远徙。小篆将甲骨文字形的上下结构调整成半包围结构，将甲骨文字形中的戶写成户，将甲骨文字形中的隹写成隹。当"雇"的"来访、照看"本义消失后，小篆再加"页"（动脑筋）另造"顧（顾）"代替，强调用脑、用心。造字本义：动词，迁徙的天鹅每年定期来访，主人给水喂食，用心照看。隶化后楷书顧将小篆字形中的雇写成雇，将小篆字形中的页写成頁。楷书异体字顾依据草书字形将正体楷书字形中的"雇"简化成"厄"。

【溯源】 顾姓最早的一支形成于夏末商初，黄帝后裔陆终之子昆吾氏的子孙受封于顾国（今河南范县），是古代擅长养雇（古籍中的一种鸟）驱雀来保护桑蚕的部落。雇是氏族的原始图腾，雇人崇拜雇的机智灵活和敬业精神，以雇的头作为氏族的族徽。

【掌故】 "《玉篇》作者"顾野王

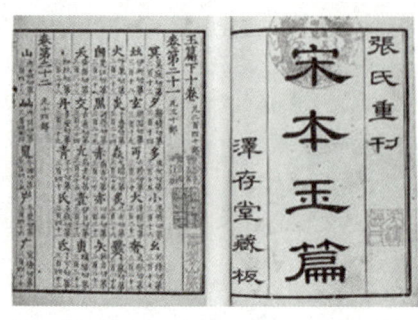

顾野王，原名顾体伦，字希冯，吴郡吴县（今江苏苏州）人。南朝梁陈年间，文字训诂学家、史学家。顾野王出身吴地名门望族，从小聪明颖异，9岁曾写成《日赋》，文采可观。12岁随父去建安，撰成《建安地记》两篇。因仰慕西汉冯野王，更名为顾野王，希望自己像冯野王一样在文学方面取得成就。历官太学博士、陈国子博士、黄门侍郎、光禄大夫，博学宏才，天文地理，蓍龟占候，虫篆奇字，无所不通，擅长丹青。著有《玉篇》30卷，此书为继东汉许慎《说文解字》后又一部重要字典，是我国第一部按部首分门别类编排的汉字字典，也是我国现存最早的楷书字典。

【拾艺】 顾恺之书画

顾恺之（约346—407），字长康，小字虎头，晋陵无锡（今江苏无锡）人。东晋安帝义熙年间曾为散骑常侍，精通诗文、书法、音乐，而对绘画最为擅长，以"画绝、才绝、痴绝"而驰名于世。为人"痴黠（xiá）各半""好谐谑（xuè）""好矜（jīn）夸"但又"率直通脱"，这正是魏晋名士的典型表现。最能表现他通脱的是他曾投奔大司马桓玄门下，桓玄窃取他的画，他非但不生气，还用"妙画通灵，变化而去，亦如人之登仙者"来解嘲。

顾恺之《洛神赋图》（局部）

◎ 侯姓·文字演变

甲骨文	金文	小篆	隶书	楷书	行书	草书
商·殷墟	中鼎　汉铜器	秦诏版	简牍　永字侯墓志	钟繇	王羲之	徐渭

【解字】 "侯"是"候"的本字。侯，文甲骨文=（厂，山崖）+（矢，箭）表示狩猎于山崖。金文将甲骨文字形中的箭矢形状写成。有的金文加"人"，强调猎人的狩猎行为。造字本义：动词，带着弓箭埋伏山崖，守候猎物。小篆承续金文字形。俗体隶书将小篆字形中的"人"写成"单人旁"，同时将小篆字形中山崖的形状"厂"写成"工"，山崖形象消失。将当"侯"的"设伏候猎"本义消失后，小篆再加"人"另造"候"代替。

【溯源】 侯姓，一支出自姬姓，以爵位为氏，源自晋国公族；另一支出自姒姓，夏后氏的后裔有的被封于侯，子孙以地名为氏，称侯氏。

【掌故】 　　　　　隋侯之珠

"隋侯之珠"是春秋时期隋国（也作"随国"）的珍宝，它与"和氏之璧"并称为春秋两大奇宝。相传隋侯出行，见一条蛇受了重伤，奄奄一息，隋侯察看伤情，见大蛇似有恳求之意，便动了恻隐之心，把御医携带的药物敷在大蛇伤口上，那条蛇慢慢恢复了知觉，缓缓移动着身体，围着隋侯的车驾转悠了三圈，然后向密林深处迤逦（yǐ lǐ）而去。一年后，隋侯再次外出，休息的时候忽梦一少年跪倒在自己面前，称自己是去年被救之蛇，为报答救命之恩，特意献给隋侯一件宝贝，隋

55

侯猛然惊醒，身边果真有一颗硕大的珠子。这珠子外围有一寸的光亮，白天如月亮般洁白润滑，夜晚光彩耀眼，可以把室内照如白昼，隋侯爱之如宝，随身携带，视为"国宝"。后以"隋侯之珠""隋珠"代指珍贵的东西。

【家训】 侯氏家训选

一、家庭是人生的摇篮，人人都需要家，要保家、顾家、爱家中的每一个人。

二、孝顺父母，尊重长辈，不惹父母生气，友爱兄弟姐妹，斗嘴打架，最伤亲心。

三、家人重礼貌，互相关怀，遇事礼让，早问好，晚问安。

四、夫妻和睦，互敬互爱，真诚的信实，妥善的分工，经济公开，口和无争。

五、婆媳无矛盾，姑嫂如姐妹，妯娌无裂痕，互相帮助，和睦相处。

六、生活严肃，早睡早起，不熬夜，不贪睡，打扫庭院，内外整洁，人人有责。

七、朴素大方，节衣缩食，不奢侈、不浪费，勤俭持家，节约储蓄，家有余庆。

八、教育子女，身教为先，婉言沟通，避免打架，鼓励学习和深造，行为端正，为家争光。

九、居家安静，气氛和平，不聚众赌博，不酗酒喧哗，安和乐利，不争不夺无噪音。

十、客人到访，贵宾为尊，热心招待，奉茶奉果，敬陪末座，言谈亲切，不可轻慢。

十一、有志、有识、有恒、诚信、自省，谨言慎行，严于律己，宽以待人。

十二、爱国爱家，秉公守法，按规纳税，慷慨捐献，舍己助人，扶弱济贫，为善最乐。

解读 这里所选的侯氏家训强调"家庭是人生的摇篮，人人都有一个家，家和万事兴"。强调"严于律己，宽以待人，为善最乐"。

【拾艺】　　　　　侯莫画作

侯莫，字重构，武川（今内蒙武川东北）人，唐代画家，工山水，用意极精。

侯莫画作，台北故宫博物院藏。

◎ 邵姓·文字演变

甲骨文		金文		小篆	隶书	楷书	行书	草书
商·殷墟		召公簋	大师簋	说文解字	马王堆帛书	李璧碑	陆游	王铎

【解字】 邵的本义是古邑名，邵来自于召。"召"是"招"的本字。刀，既是声旁也是形旁，疑是"匕"即"匙"的误写。召，甲骨文 = （双手）+ （匕，酒匙）+ （酉，酒坛），表示主人手持酒匕为客人打酒。有的甲骨文用"口"（盛器）代替"酉" ；再加 ，像主宾双方相对坐在席子 上。简体甲骨文 省去双手和主客对坐的形象 ，并将酒匙"匕" 写成"刀" 。造字本义：动词，打酒添食，招待客人。金文 加"夕" （肉食），表示用酒肉招待客人，将甲骨文字形中主宾对坐在席子上的形象 写成 。简体金文 、小篆 承续甲骨文字形。隶化后俗体楷书 将小篆字形中的 写成 刀。当"召"的"招呼"本义消失后，篆文再加"手"另造"招"代替。

【溯源】 邵姓出自姬姓。商末，周族在陕西岐山兴起，周武王灭商后，封其弟姬奭（shì）于召，史称召公奭。后移封召国于河南济源西的召亭，分周公旦诸子环绕古商朝都城，监管商之遗民。后来，召公奭之长子转封于南燕，留在济源的次子仍称召公，三子南迁伏牛山东端南麓的南召，以与在济源的北召相区别。入春秋不久，南召被楚所并，陕西的召被秦吞并。公元前513年，召简公盈因卷入周王室王位之争而被京城人所杀，召国亡，有些子孙便以国名为姓，即召姓。邵、召古时通用，史书上一般汉朝以前的多用召，三国以后多用邵。

【掌故】 邵伯讼棠

《史记·燕召（shào）公世家》及《诗经·召南·甘棠》记载：邵伯（也作召伯，即召公奭）在乡间巡视的时候，每有诉讼、判决的事情都会在田间地头的棠树下进行，不耽误老百姓干农活。后因以"邵伯讼棠"为讼狱不烦劳百姓的典故。

【家训】 邵雍《诫子孙》

上品之人，不教而善；中品之人，教而后善；下品之人，教亦不善。不教而善，非圣而何？教而后善，非贤而何？教亦不善，非愚而何？是知善也者，吉之谓也；不善也者，凶之谓也。

吉也者，目不观非礼之色，耳不听非礼之声，口不道非礼之言，足不践非理之地，人非善不交，物非义不取，亲贤如就芝兰，避恶如畏蛇蝎。或曰不谓之吉人，则吾不信也。

凶也者，语言诡谲（guǐ jué），动止阴险，好利饰非，贪淫（yín）乐祸，疾良善如雠（chóu）隙，犯刑宪如饮食，小则殒（yǔn）身灭性，大则覆宗绝嗣。或曰不谓之凶人，则吾不信也。

传有之曰：吉人为善，惟日不足；凶人为不善，亦唯日不足。汝等欲为吉人乎？欲为凶人乎？

解读 品质高尚的人，不用教都是良善之辈；品质普通的人，经过教育也可以变得善良；品质低下的人教也教不好。不用教育就很善良，这样的人不是圣人又会是什么呢？经过良好的教育而变得善良的人，这样的人不是贤达之人又是什么呢？教都教不好，这样的人，不是愚笨又是什么？所以说知道善恶，分清是非又能身体力行的人，就是好人；不辨善恶，不明事理，这样的人就是恶人。

好人是这样的：不观赏那些不合礼节的举止态度，不聆听那些不合礼节的声乐，不去说那些不合礼节的话语，不涉足没有道义的是非之地。不是良善之人不交往，不义之财不取。亲近贤达之人就像喜爱闻芝兰之香那样，躲避邪恶之人就像怕见到毒蛇毒蝎一般。

如果有人说这样的人不是好人,那我是不会相信的。

邪恶之辈是这样的:话语诡怪无伦次,举止狡诈多阴险。贪占利益,善于隐藏自己的错误。个人生活荒淫,对别人幸灾乐祸。善良的东西在他们眼里怎么都不顺眼,他们犯法如同吃家常便饭一般。这种人,往小里说,他的行为可能会要了他的小命,或者让他自己没了人性。往大里说,则有可能祸及族宗,甚至于断子绝孙。

如果有人说这样的人不是恶人,那我是不会相信的。

把这话传给后人吧:善良之人做事,天天唯恐自己做得还不够好;不良之辈,天天只怕他的欲望还不能满足。你们是想要做个好人呢?还是想要做个恶人呢?

【拾艺】　　　　　邵弥画作

邵弥,字僧弥,号瓜畴、芬陀居士,明代画家。工诗文,善书法,草书学米芾、米友仁,楷书得钟繇之法。尤擅长绘画,画风清逸枯寒,笔墨简逸,风格秀美。画作有《划开众皱图》《云山平远图》《贻鹤寄书图》等传世。

邵弥《贻鹤寄书图》,纸本设色,纵87.3 cm,横51 cm,北京故宫博物院藏。

◎ 孟姓·文字演变

金文			小篆	隶书	楷书	行书	草书
父己孟觚	齐侯壶	延须	说文解字	朝侯残碑	褚遂良	艾与可	赵孟頫

【解字】 皿，既是声旁也是形旁，表示盛器。孟，金文=（子，初生儿）+（皿，接生浴盆），表示新生儿在浴盆里。造字本义：给初生婴儿洗澡。有的金文、将"子"写成，将接生浴盆写成、。小篆承续金文字形。隶书将小篆的"子"写成，将"皿"写成，失去盛器形状特征。古人称呼兄弟的长幼，以孟（伯）、仲、叔、季为序。

【溯源】 孟姓出自姬姓。周武王灭商后，委派周公之子伯禽东征商的盟国，讨平后，命伯禽长驻奄地，即今山东曲阜，成为春秋时东方重要的诸侯国。传至鲁桓公，已进入春秋中期，鲁桓公的庶长子庆父，原为仲孙氏，后改为孟孙氏，其后裔有孟氏。

【掌故】 举案齐眉

东汉时期，书生梁鸿读完太学回家务农，与当地孟财主30岁的女儿孟光结婚，婚后他们抛弃孟家的富裕生活，到霸陵山中隐居，后来帮皋（gāo）伯通打短工。夫妻十分恩爱和睦，每次孟光给梁鸿送饭时把托盘举得跟眉毛一样高。后人用"举案齐眉"比喻夫妻间互相敬重，恩爱和睦。

【家训】　　　　　　孟氏家训选

合天人，养正气：顺应自然，养一身浩然正气。

励忠孝，严教育：鼓励尽忠国家、尽孝长辈，从严后辈教育。

敦亲睦，和闾（lú）里：亲友之间宽厚相待，邻里之间和睦相处。

耕读为传家之本：以踏实工作、勤奋学习作为传家的根本。

仁义为修身之法：以行仁义之事作为修养身心的方法。

勤俭为资身之策：以勤俭节约作为安生的策略。

孝悌为立身之务：以孝顺父母、敬爱兄长作为立身的要务。

谦厚为处世之道：以谦逊厚道作为处世的方式。

慎守为处事之基：以谨慎坚守作为处事的基石。

解读　孟氏家族的家训家风集中概括起来有以下几个特点：正心诚意、怀仁举义、积德扬善、尽孝为悌、富贵不淫、贫贱不移、威武不屈、浩然正气。这也是孟氏族人信奉的金科玉律。

汉《石门颂》

【拾艺】

孟浩然诗作《过故人庄》赏析

孟浩然（689—740），名浩，字浩然，号孟山人，襄州襄阳（今湖北襄阳）人，唐代著名的山水田园派诗人。他的诗在艺术上造诣独特，后人把孟浩然与盛唐另一山水诗人王维并称为"王孟"。

过故人庄

故人具鸡黍,邀我至田家。
绿树村边合,青山郭外斜。
开轩面场圃,把酒话桑麻。
待到重阳日,还来就菊花。

赏析 这首《过故人庄》是孟浩然的代表作。全诗大意是:老朋友预备丰盛的饭菜,要请我到他好客的农家。翠绿的树林围绕着村落,苍青的山峦在城外横卧。推开窗户面对谷场菜园,手举酒杯闲谈庄稼情况。等到九九重阳节到来时,再请君来这里观赏菊花。

◎ 龙姓·文字演变

甲骨文	金文	小篆	隶书	楷书	行书	草书
𤫊	𤫊	龖	龍	龍	龙	龍	龙
商·殷墟	龙母尊	说文解字	鲁峻碑	魏灵藏造像	颜真卿	董其昌	怀素

【解字】 龙，甲骨文𤫊在大口曲身的动物头上加"辛"，表示"龙"头上长着锋利的角，整个字形像长角的巨兽。造字本义：中生代一种头上长角、大口利齿的巨型爬行动物。金文𤫊承续甲骨文字形。小篆龖将金文字的写成"辛"，并在兽身上加"匕"加"彡"，表示"龙"有利爪、背上长鳍。隶书龍将小篆的"辛"写成"立"。俗体楷书龙省去正体楷书龍的"立"和"月"，并依据草书字形将右边的楷化成龙。当"龙"这种威猛的动物成了中国先民的图腾后，又被人为地赋以海陆空的优势：狮头、虎舌、鹿角、蛇身、鹰爪、鱼鳞鱼鳍，无可匹敌，威武完美。

【溯源】 龙姓有多个来源。据《姓氏录源》及《竹书纪年》所载，黄帝有臣龙行，居有熊（今河南新郑），是为河南龙氏。另一支出自舜时纳言龙之后。纳言是专司出纳帝命的官员，其子孙以官职名为氏。

【掌故】 "七品芝麻官"龙汝霖

龙汝霖笃志好学，言行温良，而遇事强直无所畏避。在山西高平做官时，有布政使文某过境，仆从向龙索贿不成，遂取器物而去。龙即遣差役追缴，搜其行李得还失物而始放行。又有巡抚沈某，要龙汝霖给他的一个家奴安排职位，这个家奴吸鸦片烟，汝霖责之，恰逢巡抚等官看见，龙汝霖说："我用人有规定，不博（赌博）不歌不吸烟者乃得留，您这个仆役吸鸦片，您看怎么办？"巡抚深感惭愧，再也不便开口了。对此，清代大学者王闿运有诗称赞他"憨搜文布政，狂斗沈尚书"，被人们传为佳话。

【家训】　　　　　龙氏家训选

一、孝悌：

父乾母坤天经地义，百行之源万圣之始，忠信友恭皆为次序，能尽子道俯仰无愧。克爱于兄克敬于长，诗曰秉彝（yí）有顺无强。

二、忠信：

无偏无党无贰无杂，致君尧舜跻古雍熙。一诺千金片言九鼎，久要不忘近义惟谨。

三、礼义：

由是而行有规有矩，亲亲有序尊贤有等。言谨其诚行谨其敬，治国之根立身之本。

四、廉节：

千钟可却万钟可辞，天下非泰箪（dān）食岂微，谨小慎独常畏四知。正义参天操守确坚，临危不夺千古永传。

重庆大足中敖镇新店子龙氏家训、家规

十条家训：孝养父母，教训子孙，分别尊卑，毋作非为，清明祭扫，禁止争辩，照管孤幼，禁大小欺凌，庆吊往来，整固户纲。

六条家规：为子尽孝，为弟尽恭，愈勤稼穑，贤谨诗书，业儒切莫虚延，考谈科第蝉联。

解读　龙氏家训的特点：突出了做人，孝悌、忠信、廉耻的重要性。家规家训简明易做。

【拾艺】　　　　　　龙启瑞书法

龙启瑞（1814—1858），字辑五，号翰臣（一说是字），广西临桂（今桂林市）人，是清代音韵学家、文字学家、文学家、目录学家，也是广西桐城派五大古文家之一。道光二十一年（1841年）状元，授翰林院修撰。他不仅长诗文，且精于经义及音韵之学。著有《小学高注补正》《经德堂诗文集》等。

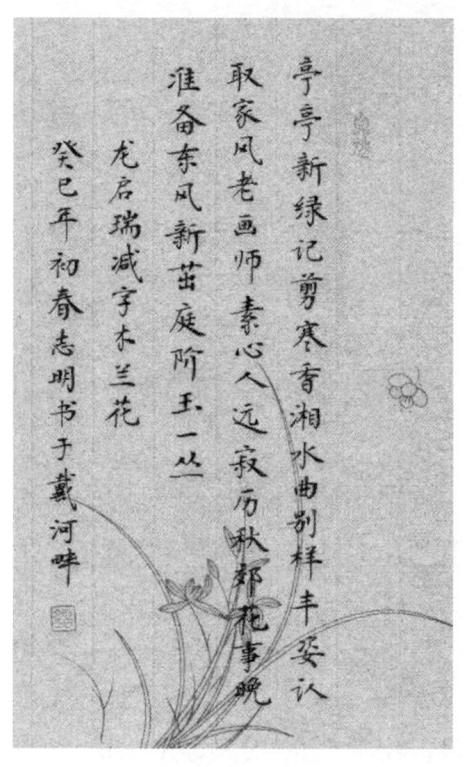

释文　亭亭新绿，记剪寒香湘水曲，别样丰姿，认取家风老画师。素心人远，寂历秋郊花事晚。准备东风，新苣庭阶玉一丛。

◎ 万姓·文字演变

甲骨文	金文	小篆	隶书	楷书	行书	草书
			万	万	万	丂
			萬	萬	萬	芛
商·殷墟	周公臣簋	邓石如	史晨	王羲之	范成大	怀素

【解字】　万，繁体作"萬"，甲骨文像尖头、大鳌（áo）、有尾的蝎子。造字本义：数量巨大的蝎子。大约远古时期中原地带蝎子数量巨大，因而借蝎子代表巨大的数目。金文加一只手，表示捉蝎子。小篆将金文字形中蝎子的双鳌形象写成双手的形状。隶书萬又误将小篆字形中的双手形状写成"艹"。魏晋时期楷书"萬"被"万"（由表示永恒无尽的符号"卍"演变而成）字代替。"十"是打满了结的纪事绳子；"百"是不断地说（白）；"千"是不断地走（迁）；"萬"（万）是遍布山岩的蝎子；"億"（亿）是无限地憧憬。

【溯源】　万姓出自姬姓。周朝有大夫受封于芮（ruì）周，史称芮伯，春秋时，传至芮伯万，其子孙以祖先的字"万"为氏。

【掌故】　　　　　万章之问

万章，战国时期邹国人，孟子高足，一生追随孟子，为孟子所喜爱。北宋政和五年（1115年）封为博兴伯，从祀（sì）于孟庙西庑（wǔ）。万章是最早扬名于历史的万姓先人。关于他的事迹，史书是这样记载的："孟子去齐，绝粮于邹薛，退与万章之徒，序诗书，述仲尼之意，作《孟子》七篇。"《孟子》七篇中有《万章》篇凡十八章，万章名字出现二十二次之多；对孟子有"尧以天下与舜""伊尹以割烹要汤""敢问友""敢问交际"等问达三十八次之多。

【拾艺】 万寿祺书法

万寿祺（1603—1652），字年少，又字介若、内景，明末清初文学家、书画家。代表作有《秋江别思图》《松石图》《山水图》，等等。万寿祺为人风流倜傥，工书画，精于六书，癖嗜印章，辑有《沙门慧寿印谱》一册。

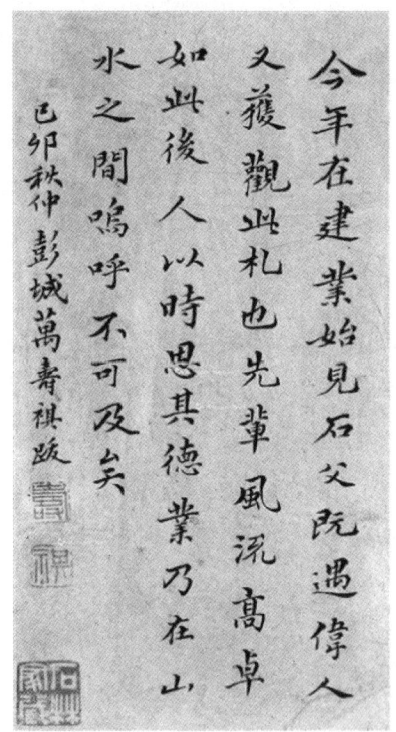

◎ 段姓·文字演变

金文	小篆	隶书	楷书	行书	草书
段簋	说文解字	隶辨	欧阳通	文徵明	王羲之

【解字】 "段"是"碫"的本字。段，金文=（石，从巨岩上敲下的石块）+（殳，手持锻锤），表示以重锤敲击岩石，开采石材。造字本义：挥锤锻击，开采石材。小篆误将金文字形中的（从巨岩上敲下的石块）写成。当"段"的"敲击岩石，开采石材"本义消失后，小篆再加"石"另造"碫"代替。"段"是开采石材，"碫"是加工石材。

【溯源】 段姓出自姬姓。属黄帝的后代，段姓始祖是春秋时郑武公的儿子共叔段。

【掌故】　　　　说文段注

段玉裁（1735—1815），清代文字训诂学家、经学家，著《说文解字注》，世称《说文段注》，价值颇高。段玉裁考证每个字的形、音、义，一丝不苟。有一次有几个字要考证清楚，时值寒冬腊月，他骑着毛驴晓行夜宿，赶到杭州，来回花了一个多月的时间，终于把几个难解的字弄清楚了。他在著书时，为了弄清麦子开花的情况，曾专门向老农请教，并在麦子开花之时，深夜掌灯到麦田里去观察，一直等到五更时分，麦子开花了才回去。他把这一观察的结果概括为："花开两瓣，花色微黄，开而仍含，中挺一须，须头黄蕊出瓣外"，可见他治学之严谨。

【家训】 段氏家训选

耕例务积粟

粟者养生之资，粟不积不足以禦凶荒，毋纵一日之欲，而耗其所入，毋贪一时之利，而鏧（lóng）其所出，日计其不足，岁计其有馀，三年耕必有一年之食，九年耕必有三年之食，斯俯仰有资，凶荒有备，天灾不能浸也，盍（hé）思诸。

读例务成名

父兄立教择其秀良而督之。读衣崇其鲜食，崇其美责，有成也。为子弟者，率其教，习其业。毋亲燕朋，毋习匪僻，毋阳为稽古而阴实偷安，夫然后德业可成，而名誉可立也。鸡窗（chuāng）有十年之功，斯鹰塔有亘之名尔，室有敏慎之修，斯乡党有不殁（mò）之称，故读不可不伤。

晋·王羲之《闲者帖》

勤例务有恒

勤乃裋（zhī）躬之宝，凡百有事成于一勤，所以古之至人分寸是惜。矧（shěn）我庶上敢有朝夕之懈，自强不息，终日乾乾，所当凛（lǐn）也。

俭例务有节

俭者，德之美也。俭于巳（sì）则财用有节俭，于上则秉承有范，非好为悋惜也。谨身节用，量入为出，省冗费，去奢华，古之圣王率是道也。汝辈后人所宜凛（lǐn）之。

解读 段伯模（1175—1238），鄱（pó）阳县人，年二十及第，曾任西安佥（qiān）判，苏州太守，葬鄱阳莲山书院前。段氏家训简明扼要。分为四个方面：耕务积粟、读务成名、勤务有恒、俭务有节。

【拾艺】　段克己《满江红·雨后荒园》赏析

段克己（1196—1254），字复之，号遁庵，绛州稷山（今山西稷山）人，金末元初诗人。早年与弟成己并负才名，赵秉文誉之为"二妙"，大书"双飞"二字，名其居里。有《满江红·雨后荒园》流传后世。

满江红·雨后荒园

雨后荒园，群卉尽，律残无射。疏篱下，此花能保，英英鲜质。盈把足娱陶令意，夕餐谁似三闾洁？到而今，狼藉委苍苔，无人惜。

堂上客，须空白。都无语，怀畴昔。恨因循过了，重阳佳节。飒飒凉风吹汝急，汝身孤特应难立。谩临风，三嗅绕芳丛，歌还泣。

赏析　清秋九月，淅淅沥沥一场寒雨过后，园子里一片荒芜，群花皆败。稀稀疏疏的篱笆根下，菊花依旧开得饱满绚烂，落英缤纷。满满的捧上一把便足够令陶公欢喜不已。"夕餐秋菊之落英"，谁人又似屈原这般清雅而高洁？到如今，任凌乱憔悴，片片零落，委身寄苍苔，竟也无人怜惜。

堂中友人，髯须皆已花白。你我相对，却默默不语，只是静静地追忆往昔。恨只恨又随随便便匆匆度过重阳佳节。秋风飒飒，急急掠过你远去的身影，孤身一人，在这风中，应该也是格外艰难。我百无聊赖地徘徊风中，几番绕过花丛，清香犹存，我只且歌还泣。

金朝灭亡之后，词人不愿屈节，坚守归隐之志，于是寄情于晚菊秋水，这首词就是这一时期的代表作。通观全篇，以花写人，借物言情，花与人浑然一体，无法辨认，也无须辨认。全词写得含蓄蕴藉，一往情深。

◎ 雷姓·文字演变

甲骨文	金文		小篆	隶书	楷书	行书
商·殷墟	父乙尊	口驹尊	说文解字	汉帛书	欧阳询	李邕	褚遂良

【解字】 "畾"和"雷"是"靁"的异体字。畾，甲骨文=（申，即"电"，分杈的闪电干枝）+（两个圆圈，即两个轮子），表示天空伴随闪电发出滚动的巨响。古人以为伴随闪电发生的滚动着的震天巨响，是因为天神战车在天穹轰然驰过。有的甲骨文将小圆圈写成"田"，明确"轮子"的形象。金文将甲骨文字形中的两个轮子写成四个轮子。有的金文将枝状闪电写成。有的金文加"雨"，强调雷电的天象性质。小篆将金文字形中的写成雨，将金文字形中的简化成"畾"。造字本义：动词，天空爆发闪电霹雳，并伴随轰隆隆的震天巨响，犹如天神的战车在天穹之顶滚过。隶化后楷书将隶书字形中的写成畾。楷书异体字"雷"把"畾"简化成"田"。有的楷书异体字"畾"省去正体楷书字形中的"雨"。古籍多以简体的"雷"代替繁体的"靁"和大幅简化的异体字"畾"。"雷"与"霆"相关，古人称闪电在天空发出巨响为"雷"，称响雷在地面震动建筑为"霆"。

【溯源】 雷姓出自方雷氏。炎帝神农氏的九世孙方雷氏因战功被封于方山，建立诸侯国，其子孙以国名为氏，为复姓方雷氏，后又分为两支，一支姓方，一支姓雷。

【掌故】 样氏雷

雷发达（1619—1693），字明所，江西人。明代建筑设计师。他是清初宫廷"样式房"的掌案（总设计师），世称"样式雷"，是非常有名的建筑艺术大师。

清代初年，雷发达与堂兄雷发宣，因以建筑工艺见长，应募赴北京修建皇室宫殿。著有《工部工程做法则例》《工程营造录》等著作。

雷发达生有三个儿子，长子雷金玉，字良生，继承父业，到光绪末年，已传到六代孙雷建昌，其家族掌管"样式房"长达二百余年。他们参与设计的建筑物除皇宫外，还有四园：圆明园、颐和园、静宜园、静明园。

【家训】 雷氏家训选

> 传家忠与孝，持家俭与勤。
> 发家耕与读，安家让与忍。
> 盗家窃与奸，伤家妒与恨。
> 败家毒与赌，破家暴与愤。
> 爱家忌谗言，顾家戒疑心。
> 恋家去杂念，想家有真情。
> 成家立大志，离家思亲恩。
> 富家积厚德，和家万事兴。

解读 这里所选的雷氏家训一口气写了16个"家"，8个"与"，强调了和家的"忌、戒、去、有、立、恩"六字诀。

【拾艺】   雷鲤画作

    雷鲤，字白波，惟化，号半窗山人，明代建安人，著名书法家，曾任礼部郎中。他擅山水，又好作诗。其山水花草作品老笔苍然。世间鲜见雷鲤传世作品，但《芥子园画谱》载有仿摹雷鲤山水之作。

◎ 钱姓·文字演变

小篆	隶书	楷书	楷书	行书	草书
錢	錢	錢	钱	钱	钱
说文解字	曹全碑	颜真卿	颜真卿	张凤翼	怀素

【解字】 戋，既是声旁也是形旁，表示残杀、争夺。钱，小篆錢＝金（金，铜币）＋戋（戋，"践"的省略，表示残杀、争夺），表示财富引发残杀、争夺。隶书錢将小篆字形中的金写成金，将小篆字形中的戋写成戋。俗体楷书钱依据草书字形钱将正体楷书字形中的金简写成钅，将正体楷书字形中的戋简写成戋。

【溯源】 据《大戴礼记》记载，颛顼的曾孙陆终生篯铿，即彭祖。篯铿的裔孙篯孚为周文王师，在周朝的钱（泉）府担任上士官，掌管全国的税收和钱粮，因泉通钱，而篯字恰是钱字上有"竹"字头，为纪念篯铿氏族再次复兴，篯孚的子孙便去篯字竹头，简为钱姓。钱姓的历史至少有3000年，在宋版《百家姓》中，排名为第2位。

【掌故】 <center>钱学森回国</center>

钱学森（1911—2009），世界著名科学家，中国载人航天奠基人，中国"两弹一星"功勋奖章获得者，被誉为"中国航天之父""中国导弹之父""中国自动化控制之父"和"火箭之王"。他曾任美国麻省理工学院和加州理工学院教授，有名的火箭专家。1949年，他得知中华人民共和国成立了，十分兴奋，决定回国参加建设。但是美国方面千方百计地阻挠,认为"一个钱学森抵得上五个海军陆战师"。后来在中国政府的反复交涉下,被美方扣留了5年的钱学森,在1955年终于回国了。他来到天安门广场,兴奋地说:"我相信我一定能回来,此刻终于回来了!"

【家训】　　　　钱氏家训选

个人

心术不可得罪于天地,言行皆当无愧于圣贤。

曾子之三省勿忘,程子之四箴宜佩。

持躬不可不谨严,临财不可不廉介。处事不可不决断,存心不可不宽厚。

尽前行者地步窄,向后看者眼界宽。

花繁柳密处拨得开,方见手段。风狂雨骤时立得定,才是脚跟。

能改过则天地不怒,能安分则鬼神无权。

读经传则根底深,看史鉴则议论伟。能文章则称述多,蓄道德则福报厚。

家庭

欲造优美之家庭,须立良好之规则。

内外门闾(lú)整洁,尊卑次序谨严。父母伯叔孝敬欢愉。姒娣弟兄和睦友爱。

祖宗虽远,祭祀宜诚。子孙虽愚,诗书须读。

娶媳求淑女,勿计妆奁(lián)。嫁女择佳婿,勿慕富贵。

家富提携宗族,置义塾与公田,岁饥赈济亲朋,筹仁浆与义粟。

勤俭为本,自必丰亨,忠厚传家,乃能长久。

社会

信交朋友,惠普乡邻。恤(xù)寡矜(jīn)孤,敬老怀幼。救灾周急,排难解纷。

修桥路以利从行,造河船以济众渡。

兴启蒙之义塾,设积谷之社仓。

私见尽要铲除,公益概行提倡。不见利而起谋,不见才而生嫉。

小人固当远,断不可显为仇敌。君子固当亲,亦不可曲为附和。

国家

执法如山,守身如玉,爱民如子,去蠹(dù)如仇。

严以驭役,宽以恤民。官肯着意一分,民受十分之惠。上能吃苦一点,民沾万点之恩。

利在一身勿谋也,利在天下者必谋之;利在一时固谋也,利在万世者更谋之。

大智兴邦,不过集众思;大愚误国,只为好自用。

聪明睿智,守之以愚;功被天下,守之以让;勇力振世,守之以怯;富有四海,守之以谦。

庙堂之上,以养正气为先。海宇之内,以养元气为本。

务本节用则国富,进贤使能则国强,兴学育才则国盛,交邻有道则国安。

解读 这里所选的钱氏家训彰显了家国情怀,从"个人、家庭、社会、国家"四个层面进行了分述,通俗易懂,便于遵守。

【拾艺】

钱谦益书法

钱谦益(1582—1664),字受之,号牧斋,苏州府常熟县人。他秉承家学,年幼即能写诗作文。明神宗万历三十八年(1610年),钱谦益以一甲第三名进士及第,授翰林院编修。钱谦益的书法源头在魏晋,深谙钟繇笔法,熟悉各种书体,坚持分类临习,具有较高的书法造诣。

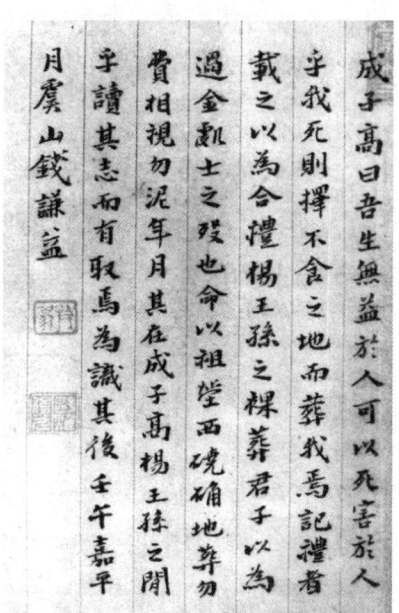

◎ 汤姓·文字演变

金文	小篆	隶书	楷书		行书	草书
煬	煬	湯	汤	汤	汤	汤
古玺	说文解字	马王堆帛书	张公礼	颜真卿	王羲之	黄庭坚

【解字】 汤，繁体作"湯"。昜，既是声旁也是形旁，是"陽（阳）"的本字，表示天然的温热。汤，金文 ![] = ![]（水，泉流）+ ![]（昜，即"阳"，表示天然的温热），表示温泉。造字本义：天然具有热度的温泉。小篆 ![] 承续金文字形。隶书 ![] 将小篆的 ![] 写成 ![]。

【溯源】 汤姓出自子姓。黄帝之裔帝喾（kù）之后，始祖契的氏族，是东夷化的一支氏族。契氏族传十四世子履。履字汤，也称武汤、武王、天乙，经多次出征，一举灭夏，建立商朝。子履即成汤，成汤之后以先祖的名为氏，即汤氏，其历史至少有3600年。

【掌故】 "中国铁画第一人"汤鹏

汤鹏，字天池，清代康熙年间安徽芜湖人。他"少为铁匠，与画室为邻，日窥其泼墨"，从中受到启迪而创作铁画。铁画一经问世，公卿士大夫竞相购之，声名鹊起，文人墨客更是推崇备至，成为"斋璧雅玩"之物，赋诗著文加以赞扬。清代诗人梁同书特作《铁画歌》："谁叫幻作绕指柔，巧工江南钩巢笔……采绘易化丹青改，此画铮铮长不毁。"

【家训】　　　　　　汤氏家训选

孝（对上）：对国家、长官、父母、师长竭力；大孝孝于国家民族，小孝孝于父母尊长。

慈（对下）：对下，平等谦慈。慈故能勇（兼防止别人陷害）。

俭（克己）：克勤克俭，俭故能广。

忠（对事）：担当负责，敬业之道。尽命，慎终如始。

信（对人）：诚信友善，立业之本。

【拾艺】　　　　　　汤焕书法

汤焕，字尧文，号邻初，仁和（今杭州）人。隆庆四年（1570年）举人，为江阴教谕。后征为翰林待诏，转郡丞。工翰墨，楷学虞，行学赵，草学怀素，并入能品。兼精篆刻。

◎ 尹姓·文字演变

甲骨文	金文	小篆	隶书	楷书	行书	草书
商·殷墟	矢令彝	说文解字	韩仁铭	欧阳询	欧阳询	饶介

【解字】 "尹"是"君"的本字。尹，甲骨文（权杖）+（抓），表示手执权杖。造字本义：手执权杖，管理事务。手杖是权力的象征，手握权杖即表明有权力处理大小事务。金文承续甲骨文字形。小篆将金文字形中的撇与"又"相交叉。当"尹"的"手执权杖"的本义消失后，甲骨文再加"口"（命令）另造"君"，加"人"另造"伊"代替。

【溯源】 尹姓出于少昊金天氏，少昊金天氏之子殷被封于尹城（今河南宜阳西北）任工正，被称为尹殷。他的后裔世袭工正，居于尹城，即以封邑为姓。尹的本义是治理。后来多用于官名。尹人的先祖是长期世袭有权力官位的后代，而且崇尚权位，他所在氏族遂以尹为氏族名称，进而发展为姓。

【掌故】 尹邢避面

《史记》记载，西汉时期，汉武帝同时宠幸尹夫人和邢夫人，对她们照顾有加。为了避免她们互相倾轧（yà），下诏书让她们不得见面。后来尹夫人请求汉武帝让她见一见邢夫人，汉武帝考虑再三同意了她的要求。相见后，尹夫人低头痛哭，自叹不如邢夫人。"尹邢避面"的意思是：不要以为在你熟悉的地方你是最优秀的，你就能在任何地方都那么出色，做人要时刻谦虚，逃避也不可取。

【拾艺】　　　　　　　尹继昭画作

尹继昭（874—888），唐代人。工画人物、台阁，冠绝当世。主要作品有《图画见闻志》《图绘宝鉴》《广川画跋》《阿房宫图》《吴宫图》《九成宫纨扇图》传于世。

九成宫纨扇图

◎ **易姓**·文字演变

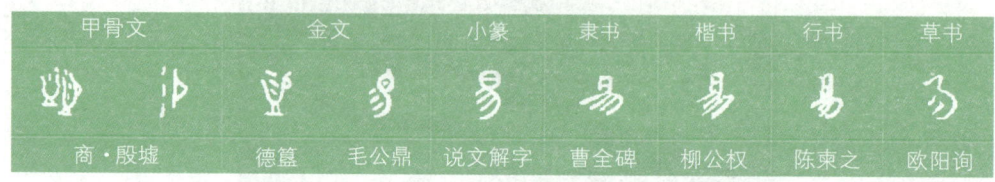

【解字】 "易"是"锡"的本字。易,甲骨文像将一个有抓柄的器皿中的液体,倒入另一个没有抓柄的器皿中。简体甲骨文将带握柄的器皿简写成勺具形状,将倾注的液体形状简写成,表示用勺具将金属熔液浇铸到器皿坯模中。锡的熔点低,是铸器的好材料,古人发现"熔锡铸器",好操作,不费事,遂以铸锡为易。造字本义:将容器中低熔点的锡注入模具,铸造新器皿。金文像一个有手把的盛器里装着锡液(水),字形进一步简化。有的金文将盛器形状简化成了,又将抓柄形状写成了似"日"非"日"的形状。小篆则将金文字形中模糊不清的写成明确的"日"形,至此"易"的字形中,器皿、手把、熔液等形象特征消失,以致小篆、隶书字形费解。当"易"的"低熔点金属"本义消失后,小篆再加"金"另造"锡"代替。

【溯源】 易姓一支出自姜姓,是姜太公后裔,属于以封邑名称为氏。另一支源于姬姓,出自周文王之十五子毕公高之后,亦属以封邑名称为氏。易人所居之地称易,所临之水称易河,最终形成易姓。

【掌故】 **易牙淄渑**（zī miǎn）

易牙,春秋时代一位著名的厨师,也有写为狄牙的。他擅长于调味,所以很得齐桓公的喜欢。《列子·说符》："曰：'若以水投水，何如？'孔子曰：'淄渑之合，易牙尝而知之。'"淄河和渑河的水味不同，但一混合就不容易尝出来了。孔子说："虽然淄渑的水混合后难以辨别，但易牙一尝就知道了。"后来成为"辨味之典"。

【拾艺】 易孺篆刻

易孺，字季复，号大厂居士，广东鹤山人，为黄牧甫入室弟子。精研书画、篆刻、碑版音韵、文字源流、乐理等。大厂居士印款亦极别致，阴刻单刀款逸笔草草，颇近六朝砖文，阳刻造像，古拙天真，其白文尤具奇趣，最善留红，朱白对比鲜明，震世骇俗。

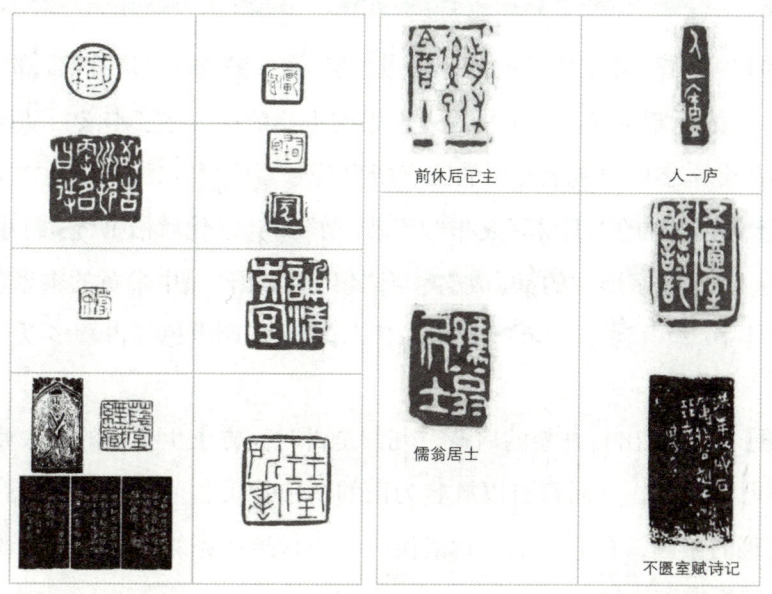

易孺篆刻作品

◎ 黎姓·文字演变

金文	小篆	隶书	楷书	行书	草书
史黎簋	说文解字	孔宙碑	祝允明	祝枝山	明人

【解字】 "黎"与"利"同源，后分化。黎，金文=(结满籽实的禾穗)+(刀，收割)，表示割黍米。黍米是远古百姓的主要粮食。造字本义：动词，收割黍米。小篆将金文字形中表示碎屑的四点指事符号写成"水"，将金文字形中的写成，将金文字形中的"刀"写成非"刀"非"勿"的。隶化后楷书将小篆字形中的写成黍，将小篆字形中的写成勺。当"黎"引申出"黑中带黄的黍米色"的含义后，楷书异体字"黧"省去，并加"黑"，强调黑色。古籍多以"黎"代替"黧"。

【溯源】 一说出自九黎的后裔，九黎是古时南方土生土长的庞大族群之一，相传为少昊时的诸侯，其后裔有以族名为氏的，称黎氏。一说出自黎国后裔，商末为周文王所灭的黎国，在周武王分封诸侯时，被封给帝尧的后裔，后为晋国所灭，其子孙后以国为氏而姓黎。

【掌故】 黎民百姓

黎民百姓是一个成语，指普通老百姓。原本"黎民"和"百姓"是两个不同的阶层，在战国以前的时代，"百姓"是指有姓之人，多指贵族阶级。"黎"，《尔雅》释为"众"，故"黎民"即众民，乃西周开始对庶民百姓之俗称。后来随着"百姓"

地位的降低,"黎民"和"百姓"统一称谓,共同指称普通百姓。

【家训】

黎氏家训选

淳孝悌　正明分　输国税　劝作养　勤生业

谨嫁娶　严坟茔（yíng）　时祭扫　订主器　妥先灵

解读　黎家人要孝敬自己的父母,也要扩展到对待一切长辈和长者。家族内部的人要互相督促和教育后代子孙,对贫弱者要尊重而不得欺凌或轻慢。每年都要按时、及早缴纳公粮赋税,才能称得上是"良善之家"。不得沉溺于酒色玩物丧志,对于贤良子弟,父母兄长应创造良好的学习环境和挑选好的师友来支持其把书读好,读书所需的灯油和钱粮等应当给予满足;而为人子弟,也应想到父母兄长供养自己的艰难不易而以发愤读书、考上功名来报答。如果没有土地可耕,也可以靠从事务工经商等"末等"职业来谋生,总之就是不能懒惰、游手好闲。结交亲家,应选择有大气、名声好的人家,而不要在乎其是贫是富,绝不能因为贪图钱财而有损祖宗的好名声。保护好祖先坟茔,按时祭拜。

【拾艺】

黎简书法

黎简（1747—1799）,字简民、未裁,号二樵、狂雨、石鼎,广东顺德人,清乾隆五十四年（1789年）拔贡。工诗、书、画兼善篆刻。擅画山水,初宗董、巨,后师法石涛,进而取元四家精髓。所作简洁淡逸,不受陈规所拘,用笔松秀苍劲,墨色浑厚秀润,气韵古逸。

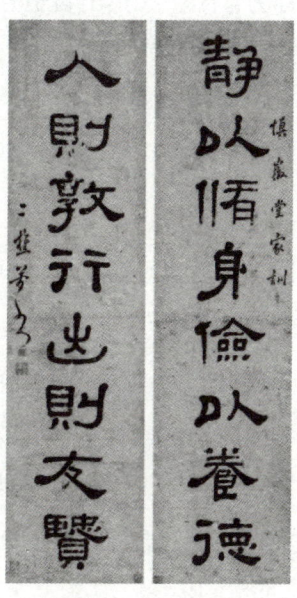

◎ 常姓·文字演变

小篆	隶书	楷书	行书	草书
常	常	常	常	常
说文解字	曹全碑	颜真卿	蔡襄	董其昌

【解字】 尚，既是声旁也是形旁，表示崇尚的、流行的。常，小篆=🏠（尚，崇尚、流行）+ 巾（巾，布），表示人们崇尚的服饰。造字本义：古代长期流行的服饰。古代称连体裙为"裳"，称长裙为"常"。

【溯源】 一是出自黄帝手下的两位大臣常仪和常先，其后代以其名字中的"常"字作姓，称为常氏；二是出自姬姓。春秋时，卫国康叔的支孙以封地为姓，称为常氏；三是出自恒姓。北宋时，为避真宗赵恒名讳，恒姓改为常姓。

【掌故】 常建与《题破山寺后禅院》

《题破山寺后禅院》是唐代诗人常建的一首题壁诗，被选入《唐诗三百首》。诗人在清晨登破山，入兴福寺，旭日初升，光照山上树林。唱经礼佛的禅房就在后院花丛树林深处。这样幽静美妙的环境，使诗人惊叹陶醉，忘情地欣赏起来。此景此情，诗人仿佛领悟到了空门禅悦的奥妙。于是吟道："清晨入古寺，初日照高林。曲径通幽处，禅房花木深。山光悦鸟性，潭影空人心。万籁此都寂，但余钟磬（qìng）音。"全诗笔调古朴，层次分明，意境浑融，感染力强，是唐代山水诗中独具一格的名篇。

【家训】 　　　　　　　常氏家训选

　　凡语必忠信　凡行必笃敬　饮食必慎节　字书必楷正
　　容貌必端庄　衣冠必肃整　居处必正静　做事必谋始
　　出言必顾行　常德必固持　然诺必重应　见善如己出
　　见恶如己病

解读　为人要在言语上、行动上忠实、守信，尊重别人就是尊重自己。饮和食都要有节制，"食大伤身"，平常要审慎，养成良好习惯，不能暴饮暴食。写字书画必须工工整整，遵守章法，就像做人一样。举止端庄落落大方，将留给人们好的印象。衣冠是一个人地位、身份、修养、爱好的象征，穿得干干净净才有精神。居住的环境要安静，处世要正心净气。凡事要考虑在先，说话要顾及效果，言行要一致。平常所遵循的道德和制定的规则，必须要严格遵守，牢固地坚持下去。答应的事情必须要兑现，做到"一诺千金"。见到行善做好事，就像自己做了好事一样，向好人好事学习，多做好事、做善事，助人为乐。看见丑恶的东西，就如同自己的病处。要以人为镜，视恶如病，引以为戒。

【拾艺】　　　　　　　常粲画作

尺寸：画心，29.5 cm×429.5 cm，引首，29 cm×99 cm。

常粲（càn），长安（今西安）人，流寓成都，唐代画家。善画人物，喜为上古衣冠，主要作品有《孔子问礼》《山阳七贤》《伏羲画卦》《神农播种》《陈元达锁谏》等图。兼善传神、杂画，为后学所推崇。

题跋：唐常粲渭水访贤图神品。

钤印：双龙印（朱文）、奇观（朱文）

鉴藏印：双龙印（朱）、奇观（朱）、石渠宝笈（朱）、蕉林玉立氏图书（朱）、乾隆御览之宝（朱）等。

题识：常粲访贤图。

钤版：有邻大观，日本京都有邻馆出版。

◎ 武姓·文字演变

甲骨文	金文	小篆	隶书	楷书	行书	草书
![]	![]	![]	![]	武	武	![]
商·殷墟	墙盘	毛公鼎	说文解字	曹全碑	欧阳询	赵孟頫	文徵明

【解字】 武，甲骨文 ![]= ![]（戈，兵器）+ ![]（止，脚趾，表示行进），表示持戈而行。造字本义：肩扛兵器，出征作战。金文 ![]、小篆 ![] 承续甲骨文字形。有的金文 ![] 将甲骨文的上下结构调整成混合结构。隶书 ![] 将小篆的 ![] 写成 ![]。楷书 ![] 将隶书的 ![] 写成 ![]。

【溯源】 武姓出自姬姓，是周平王少子姬武之后。周平王的幼子刚生下来的时候，因其手掌上有一"武"字形状纹路，故被赐名为姬武。后来他的子孙便以武为姓，史称武姓正宗。一说出自子姓，以先祖名字或谥（shì）号为氏，如商王武丁之后和春秋时宋武公之后。

【掌故】　　　　　　　武训兴学

武训（1838—1896），行七，原无名，名"训"是清廷嘉奖他行乞兴学时所赐，字蒙正，自号义学症，谥号义学正。山东聊城堂邑县（今冠县柳林镇）武庄人。武训先生是中国近代民众办学的先驱，享誉中外的平民教育家、慈善家，行乞三十八年，建起三处义学，教育了无数穷家子弟，被誉为"千古奇丐"。每次讨得较好的衣物和饭食，他就设法卖掉换钱，资助学堂。而自己则像一个苦行僧一样，只吃最粗劣的食物，边吃还边唱："吃杂物，能当饭，省钱修个义学院。"他白天乞讨，晚上纺线绩麻，边做活边唱："拾线头，缠线蛋，一心修个义学院；缠线蛋，接线头，修个义学不犯愁。"武训兴学育人的执着精神和大爱情怀，令人景仰和钦佩，永世难忘！

【家训】 武氏家训选

一、爱国守法，诚信做人；厚德持家，敦亲睦邻。
二、德行立命，善行立身；孝敬高堂，跪乳知恩。
三、父慈子孝，婆善媳恭；夫妻如宾，家和为本。
四、长幼有序，躬行已分；兄弟情深，子孙相亲。
五、胸怀远志，书中有金；勤学不辍，敢攀高岑。
六、重道守义，矜弱济贫；施善积德，佑而厚昆。
七、抑奢禁赌，拒毒戒淫；积谷防饥，惟劳惟勤。
八、操行忠厚，交友择仁；三省宜勉，四知惟慎。
九、宗祠之重，昭穆所命；晓我宗友，奉祀先尊。
十、承吾祖德，励我后人；与时俱进，永昌族运。

解读 这里所选的武氏家训从"爱国守法、诚信做人"开始，到"与时俱进，永昌族运"结束，大处着手，小处着眼，突出爱国、诚信、择仁、积善、尊老、爱幼。

【拾艺】 武则天《升仙太子之碑》书法

碑文33行，每行66字，计2178字。书写时，武则天先用自己拿手的鸟形飞白书体一气挥成"升仙太子之碑"6字作为碑额。碑上书法以行书为主，行书、草书、楷书交错迭出，并且不时地夹进她自己所创制的部分新字。碑文的特点是提按顿挫干净利落，特别是字的笔画，一反初唐以来帝王书法那种瘦劲风气而时时趋向于肥胖，使人大有面目一新之感。在字的结构上，武则天所展示的书体是一种风神洒落、遒劲中不乏妍媚的韵味。再从整篇的分行布白、布局谋划来看，也出落得雍容大度，疏密相宜，并且一气贯穿，处处给人以水流花发、云在意迟的完美感觉。

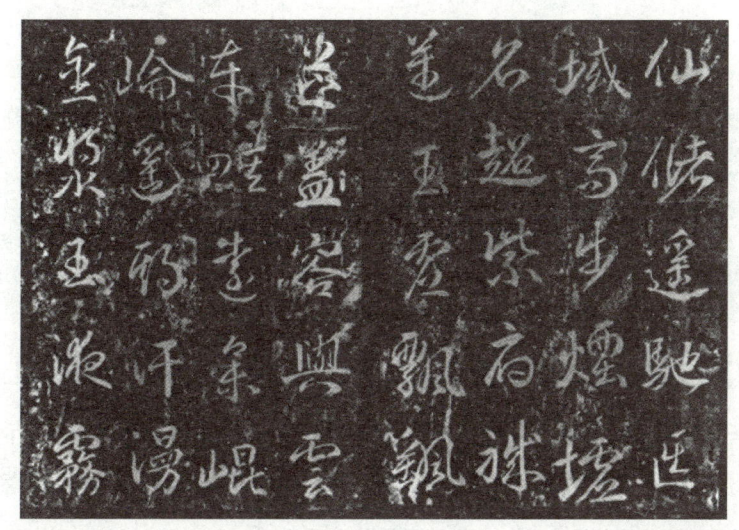

◎ 乔姓·文字演变

金文	小篆	隶书	楷书	楷书	行书	草书
乔尹钲	说文解字	祀三公山碑	颜真卿	颜真卿	赵孟頫	吴宽

【解字】 乔，繁体作"喬"。高，既是声旁也是形旁，表示上下距离大。乔，金文=止（之，前往）+高（高，高楼），表示登上高楼。有的金文将"止"写成"又"。造字本义：动词，由旧居迁往新的高楼。小篆将金文字形中的"止"和"高"的上端连写成"夭"（大步走），将金文字形中的"高"简写成高，隶书将小篆的夭写成天。

【溯源】 乔姓源于姬姓，出自远古时期，为黄帝守灵之后裔。黄帝逝世后葬于桥山（今陕西黄陵），子孙中有留在桥山守陵的，于是这些人就以山名为氏，称为桥氏，后改为乔氏，世代相传至今。

【掌故】 乔羽夜作《难忘今宵》

乔羽，1927年生于山东济宁，著名词作家、剧作家。当年他创作《难忘今宵》的歌词时，前后只用了两小时。1984年，当时中央电视台春节联欢晚会总导演黄一鹤突然觉得缺少一首与整台晚会相映衬的歌曲，于是匆匆地来到乔羽办公室，开口便直接要歌词。乔羽眼见总导演急得不行，但是又无法当场写就，于是让导演先回，答应早上5点一定交稿。但是送走导演已是凌晨3点，他想到当时的晚会，除夕夜家家团圆，人人都有美好的心愿，这应该是值得人们永远纪念的日子，于是马上动笔，挥毫立就，"难忘今宵，难忘今宵，无论天涯与海角，神州万里同怀抱，共祝愿祖国好，祖国好……"歌词情感深厚，道出了除夕夜所有中国人的心声。早晨5点，歌词准时交到了导演手中。

【家训】　　　　　　山西祁县乔氏家训选

（一）和为贵，家睦族旺

乔致庸的堂号"在中堂"和他的名字一样，取"中庸""执两用中"之意。这是儒家思想的核心，乔家以此为基，形成了"和为贵"的家风，讲究和谐、平衡。李鸿章对乔家"和为贵"的家风十分欣赏，赐予乔家这样一副楹联："子孙贤族将大，兄弟睦家之肥"，期望其他家族也能像乔家一样"子孙贤、兄弟睦"。

（二）重修德，人正事兴

乔家大院正门影壁的"百寿图"两边，有一副对联，上联是"损人欲以复天理"，下联是"蓄道德而能文章"，横批"履和"。意思是当人的欲望与天理冲突时，要抑制人欲顺应天理。

（三）讲诚信，以义取利

"传家有道唯忠厚，处世无奇但率真""经济会通守纪律，言辞安定去雕镌（juān）"，这些楹联讲的都是真诚、守规，不言过其实，不急躁慌张。乔致庸经常告诫儿孙：经商处事首要的是以"信"为重，以信誉得人；其次是"义"，不哄人，不骗人，该得一分得一分，不赚昧心钱；第三才是"利"，不能把"利"摆在首位。

解读　乔氏家训重点讲了三个关系：一是和睦与家族兴旺的关系；二是修德与人正事兴的关系；三是诚信与以义取利的关系。

【拾艺】　　　　　　乔林篆刻

乔林（1731—？），字翰园，号西墅，晚号墨庄，世居如皋城北丁家所（今江苏海安），清代著名篆刻家，也是东皋印派的大家之一。他的篆刻风格，对当时江浙印坛及后世均有相当大的影响。善制竹根印是他独特之处，加上他的篆刻书体工整，笔法老练，章法严谨，线条虚实相间，朱白对比得当，颇负赞誉。

【材质】田黄石

【边刻】戊戌清明墨庄乔林篆

【印文】放胆

◎ 贺姓·文字演变

金文	小篆	隶书	楷书		行书	草书
中山王壶	说文解字	孔宙碑	颜真卿	颜真卿	董其昌	孙过庭

【解字】 贺，金文（贝，钱财）+（又，操持）+（口，恭维赞美），表示送礼致庆。造字本义：奉送财礼，向对方道喜致庆。小篆调整结构。在现代汉语词汇"庆贺"中，"庆"与"贺"近义，但在甲骨文字形中有所区别："庆"强调赠送礼物，以示纪念主人的称心事件；"贺"强调送礼的同时，说好话恭维主人。

【溯源】 贺姓出自姜姓，由庆姓转变而来。春秋时，齐桓公（姜姓）有个孙子叫公孙庆克，他的儿子庆封以父名为氏，称庆氏，后来，因避帝王名讳改为贺。汉朝时，汉安帝的父亲叫刘庆，朝廷不让别人名字有叫庆的，就让天下姓庆的人都改姓贺。

【掌故】 贺知章"荐李白"

贺知章与李白，是一对令人称羡的"忘年交"。贺知章初见李白时，便被李白的才学、风度所倾倒。贺知章就说："太白先生根本就不是凡人，而是天上被谪贬（zhé biǎn）到人间的神仙！"知章和李白，经常邀请一班文人墨客，置酒高会。有一次由于忘带银两，贺知章取下皇帝赐给他的金龟（一种佩饰），换酒痛饮。后来，贺知章在唐玄宗面前推荐李白，唐玄宗于是召见李白，授李白翰林供奉。

【家训】　　　　　　　　广东贺氏家训选

祖训遗言切莫忘，朝夕需蔫（niān）祖炉香；
各脉儿孙居各郡，日久他乡即故乡；
不问亲疏同宗祖，互帮互让定久长；
富贵不能欺贫贱，无流难保水流旺；
个个儿孙须牢记，枝枝叶叶定蕃（fán）昌。

解读　贺氏家训强调了家族成员的一脉相连，不问亲疏互帮互让，不赚贫爱富，更不能恃强凌弱。

【拾艺】　　　　　　　　贺知章书法

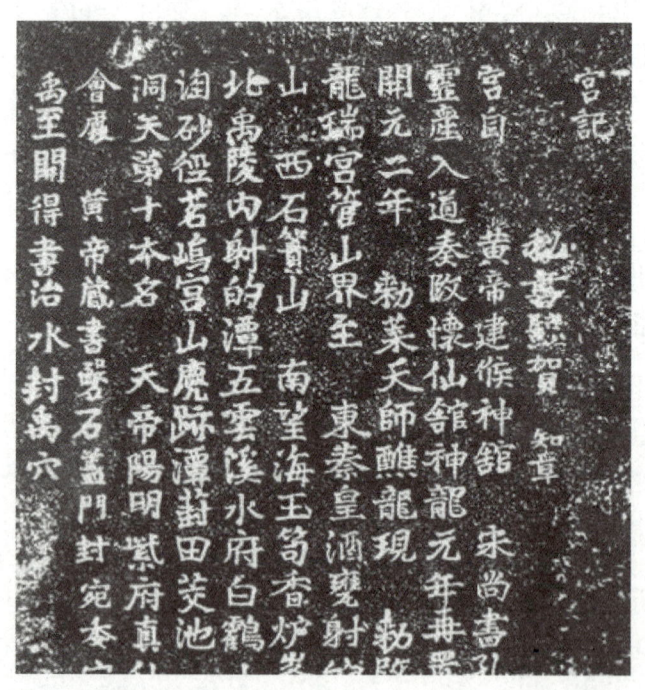

"少小离家老大回,乡音无改鬓毛衰。儿童相见不相识,笑问客从何处来。"贺知章的《回乡偶书》千古传诵。除诗文外,贺知章的书法也是一绝。贺知章善草隶,李白《送贺宾客归越》说:"镜湖流水漾清波,狂客归舟逸兴多,山阴道士如相见,应写黄庭换白鹅。"贺知章的传世书法仅有石刻《龙瑞宫记》和《草书孝经》。《龙瑞宫记》刻在龙瑞宫飞来石崖面的中心部位,周刻线框,框高76厘米,宽69厘米。文为楷书阴刻,12竖行,满行15字,字径3.5厘米。结字疏密匀称,端庄中寓俊秀,雄浑间透姿媚。这块刻石是见证会稽山历史的重要文物,它对研究唐代书法艺术、道教文化等都有着十分重要的价值。《草书孝经》全卷通篇略取隶意,融入章草,气息高古,点画激越,粗细相间,虚实相伴;结体左俯右仰,随势而就;章法犹如潺潺流水一贯直下,充分体现了他那风流倜傥(tì tǎng)、狂放不羁(jī)的浪漫情怀,历来为文人学者所称誉。十七世纪后半期传入日本,明治年间由近卫氏进献皇室。现藏于日本宫内厅三之丸尚藏馆。

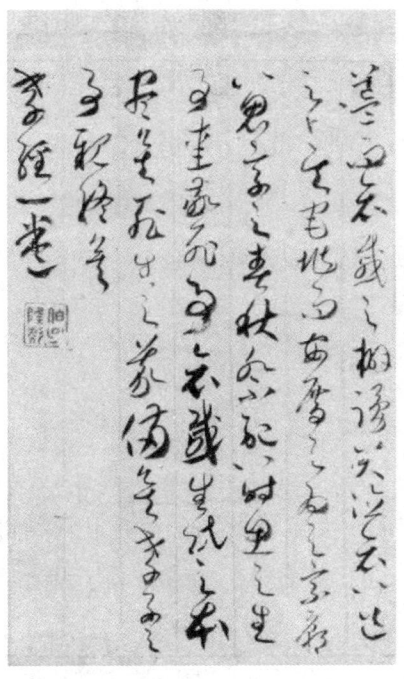
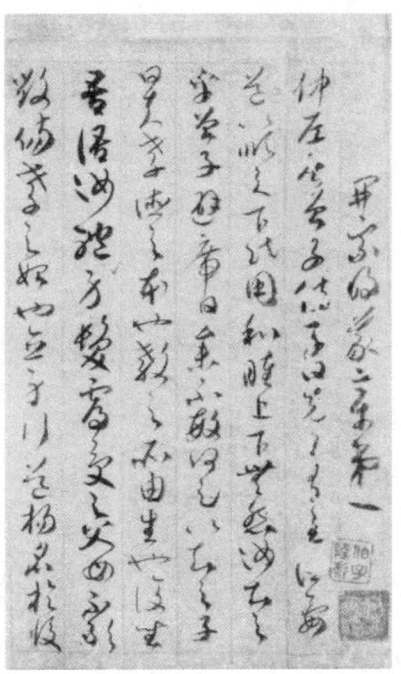

◎ 赖姓·文字演变

金文	小篆	隶书	楷书		行书	草书
赖	赖	頼	赖	赖	赖	赖
宋牛鼎	说文解字	晋张朗碑	颜真卿	颜真卿	王献之	王羲之

【解字】 赖，金文赖=朿（朿，囊袋）+负（负，驮着贝壳），表示用囊袋驮贝。造字本义：驮着满袋贝壳，心有所恃。小篆赖承续金文字形。隶书頼将小篆的朿写成朿，将小篆的负写成负。俗体楷书赖依据类推简化原则将"负"负简化成"负"负。

【溯源】 赖姓有多个源头。一说出自姬姓，周武王有弟叔颖被封于赖国，后为楚灵王所灭，其后以国名为氏，史称赖氏正宗。一说出自姜姓，为炎帝神农氏的后裔，也以国名为氏。古时的烈山氏建有赖子国（在今河南息县），其后裔以国名为氏，即赖氏。

【掌故】　　　　　赖垓封王，权君七日

赖垓（gāi），字元式，号宇肩，福建德化大铭琼溪人，明代礼部侍郎。有一年，赖垓奉命到安南（今越南）册封安南王，其使命极为艰巨危险，前几位钦差大臣均被未封上王位的酋长杀害。而赖垓深谋机智，启程之前，向崇祯请命要来一件"龙袍"随身带去。他到安南首府后，在王宫摆上香案，庄严神秘地将钦赐"龙袍"恭奉案上，以示皇威。赖垓宣读圣旨后，又发给各酋长每人一个锦囊，并郑重宣布："皇上有旨，神灵难欺。诸位回去七天后打开锦囊，里面黄绫上写有'王'

字者为王。违命提前偷开锦囊者、逆旨不服者'天雷劈杀'！"之后，各酋长、王公大臣皆领旨并向龙案叩拜退去，等七天以后打开锦囊，赖垓早已安全离开安南。

【家训】 赖氏家训选

敬天地　奉祖先　孝父母　和兄弟　重夫妇
教子孙　睦宗族　待乡邻　慎言语　戒争讼

解读　赖氏家训用"三字经"方式呈现，朗朗上口，便于记忆。

【拾艺】 赖镜书法

赖镜，字孟容，号白水山人、增城山人，广东南海人，清书画家。少曾读书于广东增城白水山，明亡出家万寿寺为僧，法名深度。性雅淡，善画山水。受吴派影响，所作笔力遒劲，疏逸秀润，气格高凝，有沈周风致，为粤中首望。工诗，书法仿苏轼、文徵明，时称诗、书、画"三绝"。

释文　我欲留春不留雨，春不留兮雨不去。茹齐终日水云间，渺若孤舟系江树。晓动游情视远天，四海八荒犹黯然……客旧力寻常相见，面人相遇如新识。如病契。镜草。

龚姓·文字演变

甲骨文	金文	小篆	隶书	楷书	行书	草书
(图)	(图)	(图)	(图)	(图)	(图)	(图)
商·殷墟	五孙诰钟	说文解字	何绍基	褚遂良	董其昌	徐伯清

【解字】 龚，甲骨文 =（龙）+（双手），造字本义：崇拜、供奉神龙。金文加"兄"（祝祷），表示祭祀仪式。小篆省去"兄"。隶书将小篆的（双手）写成（共）。

【溯源】 一说出自黄帝之臣共工氏的后裔。黄帝之臣共工氏（炎帝的后代）担任水官，因治水有功，被奉为社神。其后代有一支以单字"共"为整个家族的姓氏。后又再加龙字改成"龚"氏。一说出自古共国之后。共国灭亡后，其子孙以国为氏，后演变为龚姓。

【掌故】 龚遂"直言敢谏"

龚遂，字少卿，山阳郡南平阳县（今山东邹城）人，西汉官员。初为昌邑国郎中令，侍奉昌邑王刘贺。刘贺继位后，骄奢淫逸，行为不端。龚遂多次规劝他，刘贺仍不改正，在位二十七天后被废。刘贺属臣二百多人都遭诛杀，只有龚遂与中尉王阳因多次劝谏免于一死。

汉宣帝继位后，龚遂担任渤海太守，平定盗贼叛乱，鼓励农桑，很有政绩。后升任水衡都尉。

【拾艺】 龚自珍书法

龚自珍，清末著名思想家、文学家。一名巩祚（zuò），易简，字瑟人，号定盦（ān）。浙江仁和（今杭州）人。道光进士。曾任内阁中书、礼部主事。初承家学，从文字、训诂入手，跟随外祖父段玉裁学《说文》，后渐涉金石、目录，泛及诗文、地理、经史百家，外公段玉裁。其为文纵横，自成一家，诗风瑰丽奇肆，辑有《龚自珍全集》。富于收藏，藏品超乎常人想象，涉及古书、铜彝、印鉴、碑拓、字画等。

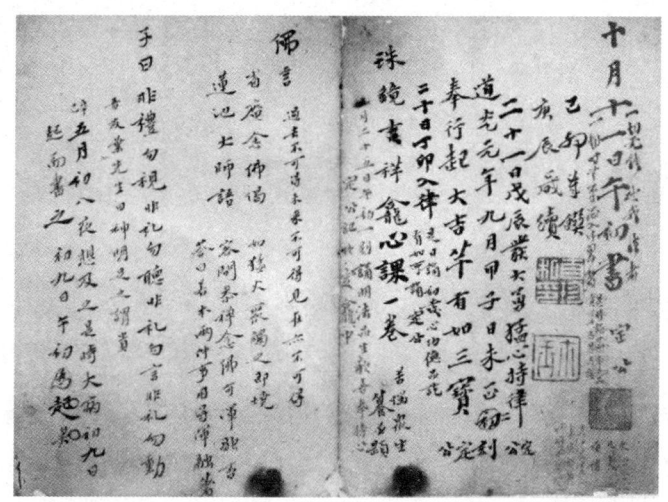

龚自珍《行书珠镜吉祥龛（kān）心课册》，纵127.4 cm，横17.3 cm，中国国家博物馆藏。

◎ 文姓·文字演变

甲骨文		金文			小篆	隶书	楷书	行书	草书
商·殷墟		鼎	井人钟	秦公钟	说文解字	马王堆帛书	解伯都造像	文徵明	蔡襄

【解字】 文，甲骨文是象形字，字形像众多线条、交错形成的图案，表示古人刻画在岩石或兽骨上，用来传达意识的图画性符号，即最古老的象形汉字。有的甲骨文，仅用四段交错的线条，高度概括出纷繁多样的表意图画的本质特征。先民在易于长期保存的岩壁或龟甲兽骨上，刻画能表现事物形象特征的线条、图案，用来记录战争、祭祀等重大事件，以及重要的日常生活经验，以便传诸后世。如"麐"的甲骨文字形表示河流岸边高崖上的麋鹿岩画（文）。金文在甲骨文的"文"形基础上加"彡"，突出刻纹的形象。有的金文在刻纹上方加"心"（意识），表示用刻纹、图案传达意识。有的金文在交错的图案内加"心"（意识），进一步明确"文"字"用线条、图案传达意识"的含义。有的金文将"心"简化成一点。简体金文承续简体甲骨文字形。造字本义：名词，远古时代刻画在岩壁、甲骨上的图画性表义符号，即最早的象形汉字。小篆承续金文字形。隶书有所变形，错纹的形象被淡化。汉语中"文"和"书"都表示字体类型，但含义有所区别："文"是用刀具刻画出来的图画性表义符号，具备较强的形象感；"书"是用软笔写出来的表意符号，通常规则而抽象。因此，有"甲骨文""金文"之名，没有"甲骨书""金书"之称；有"隶书""楷书"之说，没有"隶文""楷文"之谓；而篆体符号，既有用刀刻画的也有用笔书写的，所以既可称之"小篆"，也可称之"篆书"。

【溯源】　文姓，一支出自姬姓，周武王灭商建立周朝后，追谥（shì）父亲西伯姬昌为周文王。姬昌八代孙中有名叫祈（qí）的，以祖先的谥号（文）为姓，这便是文姓的由来。一支出自姜姓，为炎帝后裔姜文叔之后。

【掌故】　　　　　　"舍生取义"文天祥

文天祥，南宋末政治家、文学家、爱国诗人。

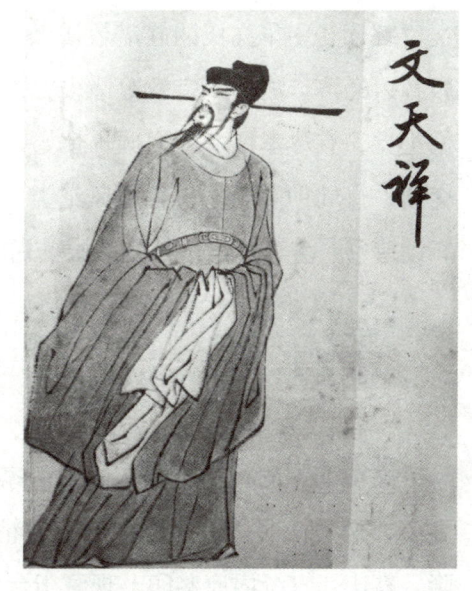

文天祥率军在广东五坡岭与元军激战，兵败被俘，被押往大都（今北京），路过零丁洋（在广东珠江口）时，即作《过零丁洋》。此诗前二句回顾平生，中间四句紧承"干戈寥落"，明确表达了作者对当时局势的认识。全诗表现了作者慷慨激昂的爱国热情和视死如归的高风亮节。最后两句"人生自古谁无死？留取丹心照汗青"的意思是：人生自古以来有谁能够长生不死？我要留一片爱国的丹心映照史册。这是作者对自身命运的一种毫不犹豫的选择，表现了作者舍生取义的人生观。

【家训】　　　　　　文氏家训选

一、留心田

心有万古不昧之精灵，不待生而有，不以死而灭，古人名曰："心田"，故存之为仁孝，为忠义，而庆福后嗣矣。吾愿族人留此与子孙耕焉。勿言方寸之微，毋关后人。

二、正己行

心身不可苟之行谊，如寡廉鲜耻，暴横乡曲，贪财无智，害人肥己，即快目前之富，一抔（póu）之土未干，三褫（chǐ）之祸立睹矣，亦何益焉。吾愿族人正身于生前，遗庆于殁（mò）后。

三、明劝惩

善有不劝，中材不奋，恶有不惩，下愚不移。今后吾族立簿二：一曰《天相吉人簿》，一曰《天诛凶人簿》。每春秋祭毕，该房长持簿先祖前，大言曰："某善行可录，即书之吉人簿中；某恶迹显著，即书之凶人簿内，庶劝一善而千万人喜，惩一恶而千万人惧，此激劝之微权也。毋以为迂。"

……

解读 中华文氏的族谱数量众多，家训条目很多，内容丰富，涉及伦理道德、教育、经济、法律、宗教等诸多方面。按内容可将文氏家训分为以下四大类：一是伦纪类，有尽孝悌、睦宗族、慎婚嫁等规定；二是公益类，有完国课、倡公益、护交通、行周助等要求；三是风纪类，有戒奸淫、烟赌、盗窃等戒律；四是持身类，有读诗书、务正业、崇节俭、择交游、息争讼、戒暴戾（lì）等训诫。

【拾艺】　　　　　　文徵明书法赏析

文徵明，明代杰出画家、书法家、文学家。小楷《草堂十志》字迹清秀、婀娜多姿，是文徵明传世之作中的一件精品。此件册页纵23.2 cm，横28.4 cm，钤有乾隆、嘉庆、宣统内府鉴印，现藏于台北故宫博物院。

文徵明《草堂十志》，台北故宫博物院藏。

◎ 梁姓·文字演变

金文	小篆		隶书	楷书		行书	草书
梁其钟	说文解字	邓石如	桐柏庙碑	颜真卿	褚遂良	李世民	李世民

【解字】　梁，金文=（河）+（㓞，创，砍斫），表示砍斫（zhuó）树木，设置水上过道。造字本义：用木材建造的水上过道。小篆（河）+（许多木头相连），表示用许多木头连接架起的桥。有的小篆将金文字形与小篆字形相结合，表示砍伐树木，拼木架桥。古人称凿壁架木的悬空仄（zè）道为"栈"，称凌空跨沟的横木为"桥"，称作为水上过道的木制建筑为"梁"。

【溯源】　梁姓出自嬴姓，起源于东夷少昊部，伯益后裔康被封于夏阳梁山（在今陕西韩城南），建立梁国。后被秦灭，后人便以国名为姓。

【掌故】　　　　梁漱溟与一串铜钱

梁漱溟（1893—1988），中国著名的国学大师、爱国民主人士，有"中国最后一位儒家"之称。梁漱溟九岁时，有一次他积蓄的一小串铜钱不见了，四处寻问，大吵大闹。隔一天，他的父亲在庭院前桃树枝上发现了这串钱，知道是孩子挂在树枝上遗忘了。他并没斥责，只写了一张纸条，内容是：有小儿在桃树下玩耍，偶将

105

一小串钱挂于树枝上而忘之。到处寻问，吵闹不休。次日，其父打扫庭院，见钱悬于树上。梁漱溟看了，马上省悟，此事的教益遂长久留在梁漱溟的记忆里，对他后来事事认真的人生态度产生了极大影响。

【家训】　　　　　　梁氏家训选

一、奉祖先

水源木本，理不可忘。但思身所自来，则由吾父而吾祖，一一追溯，虽十世、百世固不得以为远也。奉先思孝，古训昭垂，帝王且然，况大夫、士庶哉。吾家自远祖以来所立家规：凡先世考妣生日、忌辰，家中必当设祭之礼，岁首、岁除、端午、中秋亦如之。新岁暨清明，必相率扫墓，古人所谓上冢（zhǒng）也。各家无论老幼，必当亲诣墓前，行三叩首礼。虽大风雨雪，不得惮（dàn）劳。此乡族所同，子孙宜永永循守。庶几因时感慕，不至忘春露、秋霜之恩乎。万物本乎天，人本乎祖，但有心知，亦可共明此理也。

二、孝父母

属毛离里，怀抱恩深；择傅延师，劬（qú）劳念切。苟或不孝，禽兽何别。但不孝匪一端，如《孟子》言，世俗所谓不孝者五，大略该之。而好货财、私妻子，尤为乡俗通弊，不可不以为切戒。至于违犯教令，律有明条。凡子孙于父母，骂者罪即绞决；殴（ōu）则斩决；杀者凌迟处死。例禁森严，虽下愚亦当知畏。苟念生我、鞠我、抚我、育我之德，则服劳、致敬、就养，无方天性所流，自有不能已者，何至尚有忤（wǔ）逆哉。倘有不孝之子，合族须预为教戒，俾（bǐ）知悛改。庶免酿成枭（xiāo），贻累族人。

……

解读　《梁氏家训》共十则，分别是奉祖先、孝父母、和兄弟、睦宗族、谐乡邻、教子弟、戒习染、奖名节、慎婚嫁、急赋税。这里所列的是其中奉祖先、孝父母两则。

【拾艺】　　　　　　　梁启超书法

梁启超（1873—1929），字卓如，号任公，又号饮冰室主人，别署中国之新民，广东新会人，光绪己丑年（1889年）举人。他的书法艺术初宗唐楷，后攻魏碑及汉代隶书，其取法北碑的书法理念深受康有为影响。梁启超的书法，属于学者类型，但又与一些以行草见长的学者型书家不太一样。他在文、史、哲方面的成就太高，掩盖了书法家的声望。事实上，梁启超在北碑上有相当高的造诣，在隶书创作方面也有极高的成就。

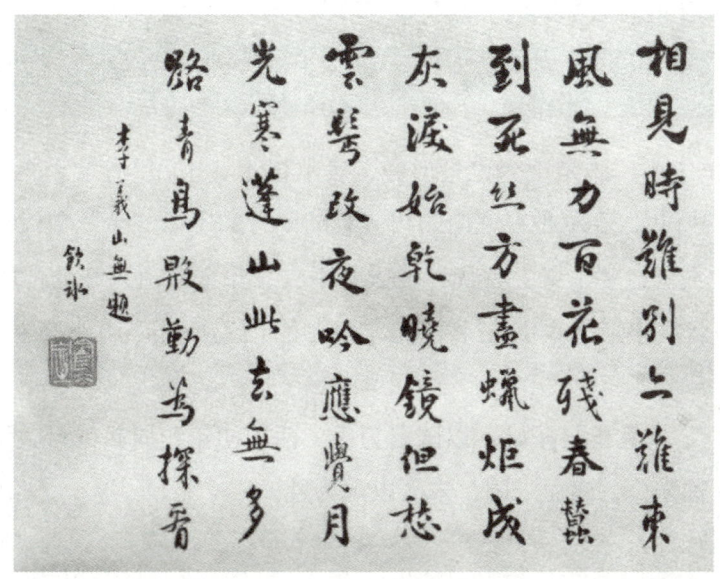

◎ 宋姓·文字演变

甲骨文			金文	小篆	隶书	楷书	行书	草书
商·殷墟			永盂	说文解字	马王堆帛书	王普贤墓志	解缙	赵构

【解字】 木，既是声旁也是形旁，表示树木。宋，甲骨文=∧（入，表示室内）+木（木，神树），表示种在室内的树。有的甲骨文以"宀"代"入"，明确"居家"含义。造字本义：古代种在天井中央、象征家道兴旺的神树。金文宋、小篆宋承续甲骨文字形。隶书宋将小篆字形中的冖写成宀，将小篆字形中的木写成木。

【溯源】 宋姓出自子姓，以国名为氏。西周初年，周武王封微子启于宋（今河南商丘），称宋公，建立宋国，宋人以国为姓。

【掌故】 宋应星著《天工开物》

宋应星（1587—1661），江西奉新人，明朝著名的科学家，曾在江西、福建等地做官。在为官期间，他十分重视劳动人民在长期生产劳动实践中积累的经验和创造的生产技术，注意收集民间的工艺技术。他所编著的《天工开物》一书详细记录了他收集了解到的工农业生产技术，成为中国古代科学技术的名著。西方国家曾以《中华帝国古今工业》为书名将它翻译出版，欧洲人称它为"中国17世纪工艺百科全书"。

【拾艺】　　　　　　宋克书法

宋克（1327—1387），字仲温，一字克温，自号南宫生，长洲（今江苏苏州）人，是明代初期著名书法家。录《唐张怀瓘论用笔十法》，纸本，纵46.7 cm，横37.7 cm。北京文物局藏。此幅作品用楷、行、章草诸书体。书体变化适意，用笔自如，圆劲飞动，韵致朴茂。

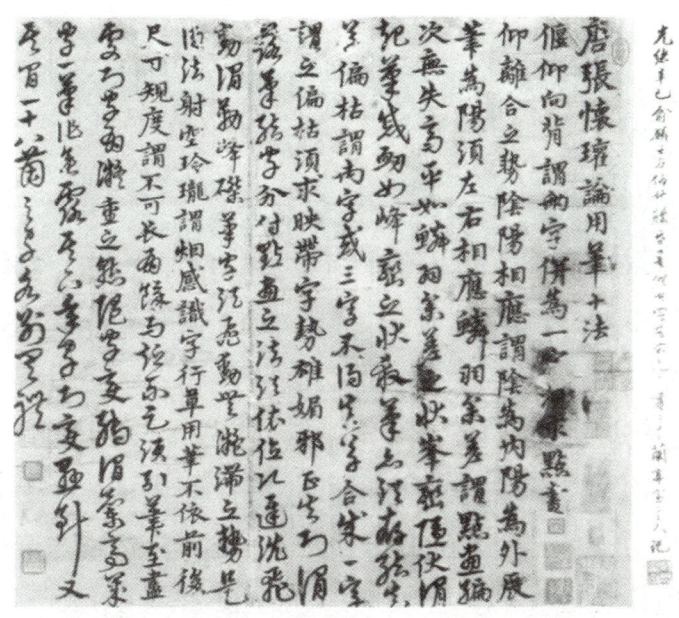

宋克书《唐张怀瓘论用笔十法》，北京文物局藏。

解读　唐张怀瓘论用笔十法：偃仰向背谓两字并为一字，须求点画上下偃仰离合之势。"阴阳相应"谓阴为内，阳为外，敛心为阴，展笔为阳，须左右相应……各别有体。

◎ **郑姓**·文字演变

甲骨文	金文	小篆	隶书	楷书	楷书	行书	草书
商·殷墟	郑同媿鼎	古玺	说文解字	何绍基	颜真卿	郑板桥	王羲之

【解字】 郑，繁体作"鄭"。奠，既是声旁也是形旁，是"鄭"的本字，表示在地基上洒酒祭祀。奠，甲骨文 在酒坛 （酉）下面加一横代表地面的指事符号 ，表示在新建筑的地基上洒酒祭奉地神与祖先，以求居所安定幸福。金文 ＝ （酉，酒）+ （丌，基），明确了"奠"与"基"的关系。有的金文 ＝ （享，供奉神灵祖先）+ （奠，在地基上洒酒祭祀），强调了对地神与祖先的祭奉。古玺（xǐ）字形 以"鼎" 代"奠" ，以"邑" （居民区）代"享" ，表示在居民区进行的祭祀。小篆 综合了金文 和 的字形。造字本义：在地基上隆重献酒，祭奉地神与祖先，以求新居落成后安定幸福。隶书 将小篆的"邑" 写成"双耳旁" 。俗体楷书 依据草书字形 将正体楷书的"奠" 简化成"关" ，导致"酉"（酒）的线索完全消失。

【溯源】 郑姓主要源自姬姓、子姓和姜姓。姓的历史已有三千多年。据《唐书·宰相世系表》记载：周宣王把他的弟弟友封于槿（jǐn）林（今陕西华县东），建郑国，友即郑桓公。此后，郑桓公的儿子郑武公帮助周平王巩固了东周，因功被赏赐虢（guó）、郐（kuài）之间的土地，在那里建立了新的郑国。由此，郑氏子孙便在这里发展繁衍起来，世袭郑公称号。公元前375年，郑被韩所灭。郑国遗族为纪念故国，便纷纷以郑为姓。

【掌故】 郑成功巧对对联

明末民族英雄郑成功小时候，既爱习武，又迷读书。可是，他的父亲却一心一意要把他培养成武将。

一次，他们父子乘船游览。父亲说："我出个对子，你对对看——两舟并行，橹速不如帆快（鲁肃不如樊哙）。"原来他语带双关，意思是"文官不如武将，读书不如习武"。郑成功聪敏过人，很快就想出了下联："八音齐奏，笛清难比箫和（狄青难比萧何）。"这也是个双关语，意思是"武将难比文官"。在众人的赞叹声中，父亲意识到自己以前的做法似有不妥。从此，他再也不干涉郑成功攻读诗书了。郑成功一边读书，一边习武，终于成为赫赫有名的文武全才。后来率兵收复被荷兰人占据的台湾岛，又在台湾设立行政机构，推行屯田，促进了台湾在社会经济的发展，开启了郑氏在台湾的统治。为了感念他的功绩，台湾民间立庙祭祀。

【家训】 郑氏家训选

第一条　立祠堂一所，以奉先世神主，出入必告。正至朔望必参，俗节必荐时物。四时祭祀，其仪式并遵《文公家礼》。然各用仲月望日行事，事毕更行会拜之礼。

第二条　时祭之外，不得妄祀（sì）徼（jiǎo）福。凡遇忌辰，孝子当用素衣致祭。不作佛事，象钱寓马亦并绝之。是日不得饮酒、食肉、听乐，夜则出宿于外。

第三条　祠堂所以报本，宗子当严洒扫扃（jiōng）钥之事，所有祭器服不许他用。祭器服，如深衣、席褥、盘盏、碗碟、椅桌、盥（guàn）盆之类。

……

解读　郑义门，被称为"江南第一家"，位于浙江金华浦江，占地约5000平方米，是中国古代家族文化的重要遗址。自北宋崇和元年（1118年）至明天顺三年（1459年），郑氏家族在此合族同居历时340余年，以孝义治家闻名于世。长达168条的传世家训《郑氏规范》，被誉为中国传统家训的重要里程碑，被载入《宋史》《元史》《明史》。《郑氏规范》中治家、教子、修身、处世的家规族训，以及极具特色的教化实践，对中国古代家族制度的巩固发展产生了深远的影响。《郑氏规范》虽然是郑氏的家训，延续的是郑家的家风，但包含的生活态度、道德修养、学识涵养，仍然适用于现代家庭乃至整个社会。

【拾艺】 郑板桥书法

郑板桥（1693—1765），原名郑燮（xiè），字克柔，号理庵，又号板桥，人称板桥先生，江苏兴化人，祖籍苏州。乾隆元年（1736年）进士。官山东范县、潍县县令，政绩显著。后客居扬州，以卖画为生，为"扬州八怪"重要代表人物。郑板桥书法用隶体掺入行楷，自称"六分半书"，人称"板桥体"，在中国书法史上独树一帜。

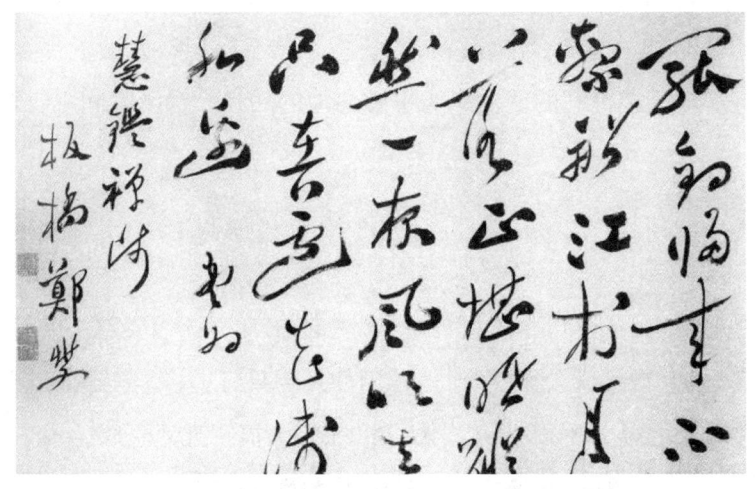

郑板桥草书《司空曙七绝》，南京博物院藏。

释文 钓罢归来不系船，江村月落正堪眠。纵然一夜风吹去，只在芦花浅水边。书为 慧鉴禅师 板桥郑燮

◎ 谢姓·文字演变

金文	小篆	隶书	楷书	行书	草书
古玺	说文解字	桐柏庙碑	颜真卿	颜真卿	唐寅	米芾

【解字】 谢，金文=（职，责任）+（言，陈述），表示述职。造字本义：古代年迈官员委婉辞职卸任。小篆将"职"写成"射"。隶书将小篆的简写成言。

【溯源】 谢姓一支出自姜姓，为炎帝后裔申伯之后。申伯是周宣王的舅舅，周宣王即位后把他封到"谢"这个地方。申伯受封后在那儿筑起了谢城，建立了谢国。后来谢国君主的后代就以地名为姓，世代姓谢。另一支出自任姓，黄帝第七子姓任，任姓建有十个小国其中之一为谢国，其子孙以国为氏。

【掌故】 "山水田园诗鼻祖"谢灵运

谢灵运（385—433），原名公义，字灵运，南北朝时期诗人。谢灵运少即好学，博览群书，工诗善文，擅长书法。在山水诗产生与发展的过程中，谢灵运是当时第一位全力创作山水诗的诗人，存诗近百首。山水诗在晋宋勃然而兴，其功首推谢灵运。谢灵运山水诗的成就，很大一部分有赖于"雕琢"之功。他的诗，一方面经"雕琢"真实地呈现了自然的风貌；另一方面，也有看似不事雕琢脱口而出的句子，真切自然，如"池塘生春草，园柳变鸣禽"等。谢灵运的山水诗承续了建安文学的精神，以自身的创作实践让诗歌回归到抒情言志的传统，体现了诗人的浪漫情怀。

【家训】　　　　　　谢氏家训选

一、作善降之百祥，作不善降之百殃。勿以善小而不为，勿以恶小而为之。此四语，当终身服膺（yīng）。

二、举止要安和，毋急遽（jù）急缓；言语要诚实，毋欺妄躁率。

三、见人之善扬之，见人之恶掩之。彼之于我，亦如是矣。

四、内外亲族，无论尊长同列，皆当以礼接之。毋得简傲笑谑（xuè），不恭不敬。

五、交友，所以辅德也。须亲直谅、多闻者，远便僻（pián pì）、柔佞（nìng）者。

解读　这里所选的谢氏家训体现了"善、和、德"三个字，以善立家，以和兴家，以德交友。

【拾艺】　　　　　　谢安书法

谢安，字安石。陈郡阳夏（今河南太康）人。东晋政治家、名士。少时以清谈知名，最初隐居会稽郡山阴县之东山，与王羲之、许询等游山玩水，并教育谢家子弟。

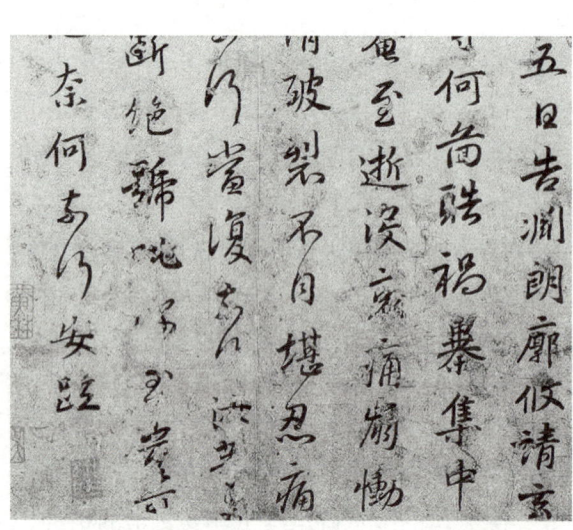

后出仕，在淝水之战中，担任东晋一方的总指挥，以八万兵力打败了号称百万的前秦军队，为东晋赢得几十年的安宁和平。

谢安多才多艺，善行书，通音乐，性情温和，处事公允明断，不专权树私，不居功自傲，有宰相气度。王俭称其为"江左风流宰相"，张舜徽赞其为"中国历史上有雅量有胆识的大政治家"。

◎ 韩姓·文字演变

金文	小篆	隶书	楷书	行书	草书
战国·韩氏鼎	邓石如	礼器碑	颜真卿	黄庭坚	怀素

【解字】 韩，繁体作"韓"，古时又作"涵"，《说文解字》解释为垣（yuán）之意，小篆从韦（韦），韦本指围绕水井的栏圈，假借为古国名。韩（hán）声，有明亮义，表示水井如镜能反光。

【溯源】 韩姓出自姬姓。西周灭商后，武王之子叔虞封于唐，国号晋。他的后人中有个叫万的，因功受封于韩地。姬万的玄孙韩厥，担任晋国正卿。后来韩厥的七世孙韩景侯参与了三家分晋，建立韩国，成为战国七雄之一。从韩厥开始，姬万的子孙以韩为姓。

【掌故】 　　韩信将兵，多多益善

出自《史记·淮阴侯列传》，"上曰：'于君何如？'曰：'臣多多而益善耳。'"

韩信是秦末汉初著名军事家，淮阴（今江苏淮阴西南）人，曾被汉高祖刘邦拜为大将，为灭楚兴汉做出巨大贡献，与萧何、张良合称为"汉初三杰"。韩信率汉军平定齐地后，自封为齐王，引起了刘邦的猜忌。刘邦称帝后，有人密告韩信阴谋反叛。刘邦于是采用陈平的计策，假称游览云梦泽（沼泽名，楚之名胜，在今湖北境内），在韩信到陈地朝见他时，将韩信逮捕，押解进京。回到京城洛阳后，刘邦宣布大赦，韩信被削去齐王封号，改封"淮阴侯"。后来，刘邦与韩信的关系稍有

缓和。有一次，刘邦在宴席上问韩信："依你看，像我这样的人能带多少兵马？"韩信答道："陛下可以带领十万兵马。"刘邦又问："那么你呢？"韩信毫不谦虚地说："臣多多而益善耳（我是越多越好）！"刘邦于是笑道："你既然如此善于带兵，怎么被我捉住了呢？"韩信沉吟半晌才说："陛下虽不善于率兵但善于驾驭将领，这就是原因所在。""韩信将兵，多多益善"，今比喻越多越好。

【家训】　　　　韩氏家训选

家为国本，国乃家藩。齐家旺族，令宪谨严。

规矩秉存，胤（yìn）祯绵远。兴毓（yù）传继，维训是范。

教妇初来，育女闺间。贤良为本，百行孝先。

勤俭如金，优言福添。积善成德，懿（yì）行播远。

姑嫂弟侄，如亲待见。睦邻善处，亲扶朋念。

体恤（xù）礼让，雅量心宽。行端成品，世代尚衍。

人初性近，习而相远。雕则成器，苟纵乃迁。

稚蒙即教，引长励短。循循善诱，晓理笃践。

静敬勤恒，心井达练。格物致知，慎独为然。

检身在外，整齐肃严。持守于内，主一无兼。

行必庄恭，慎言寡谈。见贤思齐，居上要宽。

温恭俭让，与人为善。博惠于民，拯人急难。

敬事诚谨，护法遵范。富而不骄，贫则弗谄（chǎn）。

耿洁无疵（cī），尘暮不染。厚德载物，若水上善。

谏（jiàn）长委婉，恭不违怨。敬上竭力，常思安然。

生养恩重，反哺涌泉。家业无争，开创纪元。

曲全枉直，洼（wā）盈敝（bì）浅。存已化物，顺其自然。

遇事虚怀，内方外圆。未雨绸缪，遐迩是瞻。

胸怀宏阔，识见开远。武功文为，特立卓然。

唯品是竞，当知高寒。宅心仁厚，和致乃贤。

解读 韩氏家训阐述了家与国的关系,夫与妇的关系,姑与嫂的关系,强调"见贤思齐,与人为善,感恩父母,宅心仁厚。"。

【拾艺】 韩愈书法赏析

韩愈(768—824),字退之,河南河阳(今河南孟州)人。自称"郡望昌黎",世称"韩昌黎""昌黎先生"。唐代杰出的文学家、思想家、哲学家、政治家。韩愈是唐代古文运动的倡导者,被后人尊为"唐宋八大家"之首,有"文章巨公"和"百代文宗"之名。韩愈书法作品有《华岳题名》《嵩山天封宫石柱题名》《楸树帖》和《洛阳福先寺塔题名》等。宋代朱长文称韩愈书法为"能品":虽为楷书,但笔势颇兼得飞动迅疾和丰腴(yú)凝重之体态。

《嵩山天封宫石柱题名》释文:愈与樊著作宗师卢处士同谒少室李君拾遗。

《楸树帖》释文:幸自枝条能树立,可烦萝蔓作交加。傍人不解寻根本,却道新花胜旧花。

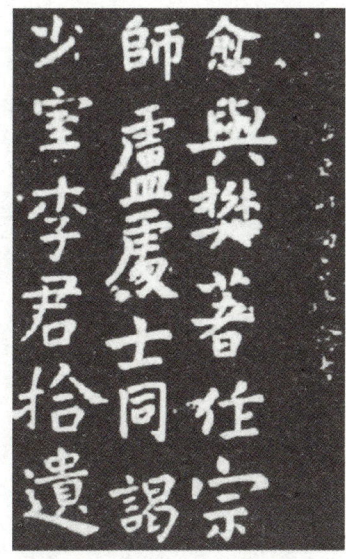 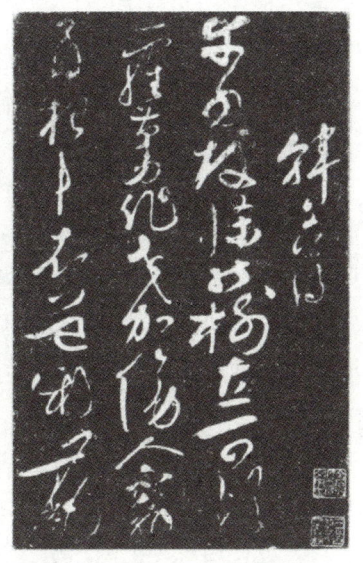

◎ 唐姓·文字演变

甲骨文				金文	小篆	隶书	楷书	行书	草书
商·殷墟				唐子祖乙爵	说文解字	孔和碑	虞世南	蒋桀	智永

【解字】 唐，甲骨文=丫（头朝下的"人"）+用（用，桶）+凵（口，池塘），表示一个人低着头、用水桶从水塘提水。有的甲骨文将用写成用，将"口"写成"凵"，强调"池塘"的含义。造字本义：供大家打水的大水塘。有的甲骨文将用写成用。金文结合几款甲骨文字形。籀文=丫（口，池塘）+昜（昜，"汤"的省略），表示"唐"为温泉水池。小篆将金文的"用"（桶）写成"屮""冂"。隶书将小篆的"屮""冂"写成。楷书将隶书的写成唐。当"唐"的"水塘"本义消失后，小篆再加"土"另造"塘"代替。

【溯源】 唐姓出自姬姓。远古时，尧曾经在"唐"地做首领。尧死后他的儿子丹朱被舜封为唐侯，建立唐国。唐国被灭以后，周成王封他的弟弟叔虞在唐，史称唐叔虞，叔虞的子孙有以唐为姓的形成唐姓。

【掌故】 "药学鼻祖"唐慎微

唐慎微（1056—1136），字审元，成都人，北宋著名药学家。对经方深有研究，知名一时。他虽语言朴讷，但睿智明敏，医术精湛，医德高尚。每于经史诸书中得一方一药，必录而相咨。经多年收集整理，编成《经史证类备急本草》（简称《证类本草》），共三十二卷，六十余万字，是我国宋以前本草学集大成之著作。问世后，历朝修刊，并数次作为国家法定本草颁布，沿用近五百年之久。李时珍对唐慎微也有很高的评价说:"使诸家本草及各药单方,垂之千古不致沦没者,皆其功也。"

药物学著作而附有方剂的,实际是从《证类本草》开始的,唐慎微堪称是中华中医领域的"药学鼻祖"。

【家训】　　　　　　唐氏家训选

敦孝悌　笃宗族　和族党　睦夫妇　肃内外　崇节俭
谨交友　择婚配　时嫁娶　重祭嗣　修家谱

解读　唐氏家训,简洁明了,涵善全面。强调"孝悌为先,和睦立家,崇尚节俭"。

【拾艺】　　　　　　唐寅书法赏析

唐寅(1470—1524),字伯虎,明代著名画家、书法家、诗人。唐寅书法源自赵孟頫一体,风格丰润灵活,俊逸秀拔。

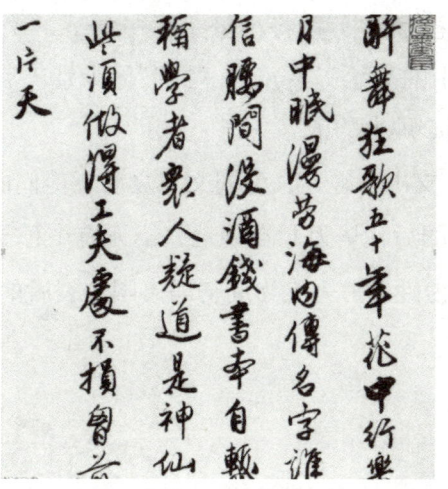

《赠西洲诗卷》,纸本35.3 cm×273 cm,上海博物馆藏。

释文　醉舞狂歌五十年,花中行乐月中眠。漫劳海内传名字,谁信腰间没酒钱。书本自惭称学者,众人疑道是神仙。些须做得工夫处,不损胸前一片天。

◎ 冯姓·文字演变

金文	小篆	隶书	楷书	行书	草书
吴大澄	说文解字	马王堆帛书	徐浩	文徵明	张瑞图

【解字】 冯，繁体作"馮"，"馮"是"憑"的本字。馮，金文 = （仌，冰）+ （马，交通工具），仌，既是声旁也是形旁，是"冰"的本字，表示冰层。造字本义：动词，车马依托冬日硬实的冰层通过平时不能通过的河湖。小篆 承续金文字形。隶化后楷书 将小篆字形中的冰"仌" 写成"两点水"的"冫" ，将小篆字形中的 写成馬。当"馮"作为姓氏后，后人再加"心"另造"憑（píng）"代替，强调心理上的依靠。

【溯源】 冯姓一支出自姬姓，为周文王之后，他们的祖先是周文王的第十五个儿子毕公高。毕公高的后代毕万封在魏地，毕万有个孙子食采冯城，于是，这一支子孙就以封邑的名称为姓。另一支为周初冯夷国分裂后的冯国后裔。

【掌故】 冯唐易老

"冯唐易老"这个典故出自于《史记·张释之冯唐列传》。

冯唐是汉朝人，汉文帝时，他以孝悌而闻名，拜为中郎署。由于他为人正直无私，敢于进谏，不徇私情，所以时时处处遭到排挤，直到头发花白，年事已高，也没有得到升迁，还只是个郎官。汉景帝即位后，由于冯唐性格耿直，不久又被罢官。汉景帝去世后,汉武帝即位,匈奴又来侵犯边疆,汉武帝广征贤良,有人推举冯唐,可是冯唐已经九十多岁了,他心有余而力不足,再也不能出来任职。后来,人们就用"冯唐易老"来形容老来难以得志。

【拾艺】 冯梦龙书法

冯梦龙(1574—1646),字犹龙,明代文学家、思想家、戏曲家。

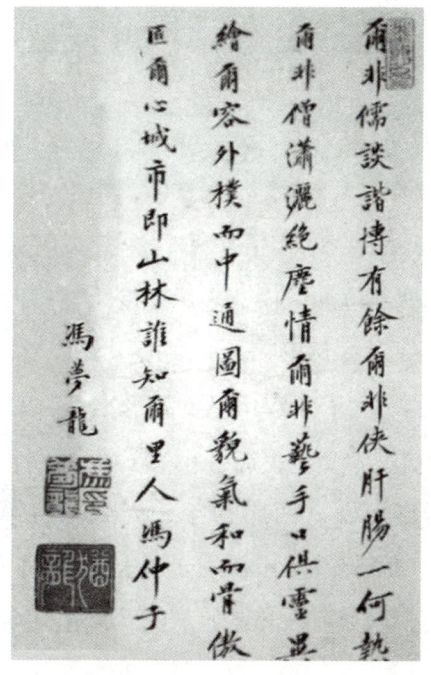

冯梦龙所作《跋顾隐亮像》,楷书,南京博物院藏。

释文 尔非儒,谈谐博有余。尔非侠,肝肠一何热,尔非僧,潇洒绝尘情,尔非艺,手口俱灵异。绘尔容,外朴而中通,图尔貌,气和而骨傲,匠尔心,城市即山林,谁知尔里人冯仲子!

◎ 于姓·文字演变

甲骨文	金文	小篆	隶书	楷书	行书	草书
商·殷墟	大礼簋	令簋	说文解字	曹全碑	安乐王墓志	王献之	怀素

【解字】 "于"是"竽"的本字。于，甲骨文在有柄的吹奏乐器"丂"（参见"号""可"）的手柄部位加一横，表示手握乐器；凹凸曲折的符号，表示乐音婉转起伏。造字本义：婉转起伏的竽音。有的甲骨文省去凹凸起伏的符号。金文承续甲骨文字形。有的金文承续甲骨文字形。小篆写成。隶书恢复金文字形。当"于"的"竹笛"本义消失后，小篆再加"竹"另造"竽"代替。

【溯源】 于姓出自姬姓。西周初年，周武王封第二子（有说第三子）于邘，称为于邘（yú）叔。后来，于邘叔的子孙就以国名为氏，有的姓邘，有的则去邑旁姓于。一支出自古复姓淳（chún）于氏，因避唐宪宗李纯讳改为单姓于。

【掌故】　　　　　一代廉吏于成龙

于成龙（1617—1684），字北溟，号于山，山西永宁州（今山西吕梁方山）人。清初名臣、循吏。于成龙是个大器晚成的人。他在明崇祯十二年（1639）曾经参加过乡试并中副榜贡生，但因为父亲年迈需要照顾而没有出去做官。直到四十五岁才以明经谒选清廷吏部，被授以广西柳州罗城知县。此后，他历任知县、知州、知府、道员等地方官，一直做到按察使、布政使、督抚大员，所到之处，皆有政声。尤其是始终清廉自守，多行善政，深得士民爱戴，被康熙帝誉为"清官第一，天下第一廉吏"。康熙二十三年（1684年），于成龙病逝于两江总督任上，康熙帝亲自撰写碑文，并题写"高行清粹"匾额予以褒扬。

【家训】　　　　　　　于氏家训选

传曰："君子不出家，而成教于国。"则是家有教也。正唯一家有教，一国观感。相习成风，而仁让兴焉矣。故居今日而欲陋习丕（pī）变，当自士大夫之家倡之，为作《家训》，以示后人云。孝为百行之原。父母生儿，能有几个身显荣亲的？就是力田贸易、肩挑负贩者，皆可随分以养亲。但要把父母时时刻刻放在心里，时时刻刻顶在头上。读书明理者，以养志为先。愚夫俗子，亦勉力养其口体，依依膝下，始终孺慕。族中之人，皆吾祖宗一脉。譬如树之有干，毕竟落叶归根。彼族中老幼，奈何其不睦乎？今人见族中之富贵者，羡为荣耀；见族中之贫寒者，多生厌恶。此种心肠，岂可以对祖宗？我今立训：凡系族人，不分枝派远近，不论人品贵贱，俱照长幼执礼。倘（tǎng）敢高下异视，照不睦条议罚……

解读　《于氏家训》开篇点明了"君子不出家，而成教于国"。所谓治国必先齐其家，齐家必先修其身，修身必先正其心。全篇以勤耕读、尚节俭、循法理、孝乡里、廉仕吏、存仁德、守本分、务正业等内容为核心，涵盖"勤、俭、学、善、廉"等内容，既是对先祖良好品行的传承，也是对后人行为规范的教诲。

【拾艺】　　　　　　（一）于谦书法

于谦书法：《颍国武襄公杨洪赞》，美国国立亚洲艺术博物馆藏。

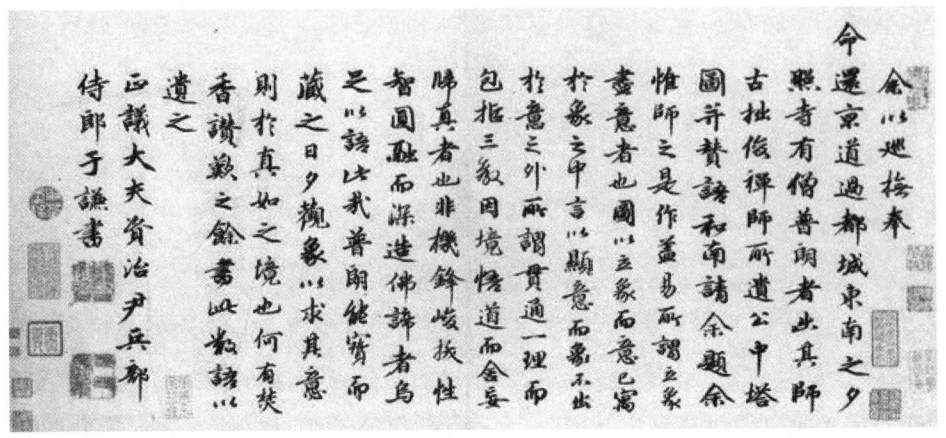

于谦书法：《题公中塔图赞》，纸本，纵28.9 cm、横61 cm，北京故宫博物院藏。

（二）于右任书法

于右任（1879—1964），陕西三原人，诗人、书法家、政治家。早年加入同盟会，追随孙中山先生，是中国国民党元老，近代民主革命先驱。于先生在诗歌和书法上造诣颇深，其书法艺术特点，是在北魏楷书中融入了行书和隶书的笔意，可谓熔碑帖于一炉，如行云流水。

于先生习书从赵孟頫入，后改攻北碑，精研六朝碑版，在此基础上将篆、隶、草法入行楷，独辟蹊径，中年变法，专攻草书，参以魏碑笔意，自成一家。

释文 天长落日远，意重泰山轻。

◎ 董姓·文字演变

金文	小篆	隶书	楷书	行书	草书
古玺	六书通	景君碑	颜真卿	董其昌	皇象

【解字】 重，既是声旁也是形旁，表示有分量、作用大。董，金文=董（重，作用大）+（邑，城镇），表示作用大的城镇。造字本义：意义不凡的边邑重镇。小篆董用"草"代替金文字形中的"邑"，写成了"董"。

【溯源】 董姓是一个古老的姓。一说出自己姓：相传颛顼的己姓子孙中有个叫叔安的，被封于鬷（liù）地，称为鬷叔安，其子董父，为帝舜驯养龙，被舜赐姓为董，任为豢（huàn）龙氏，封之于鬷（zōng）川（今山东定陶），他的后代便以董为姓。一说源于姬姓：春秋时周大夫辛有的两个儿子到晋国任太史，负责董督（考察并收藏之意）晋国的典籍史册，因其职责是"董督晋史"，所以也称为董氏。

【掌故】 董狐直笔

董狐，春秋时晋国的史官。直笔，根据事实，如实记载，指敢于秉笔直书，尊重史实，不阿权贵。《左传·宣公二年》载：春秋时期，晋灵公不守为君之道，正卿赵盾多次劝谏，晋灵公不听，反欲杀之，赵盾无奈出逃，当逃到晋国边境时，赵盾族弟赵穿弑杀灵公，赵盾回到京城，派人迎立晋成公即位，但没有惩罚弑君的赵穿。董狐在史册上记载说"赵盾弑其君",理由是"子为正卿,亡不越境,反不讨贼"。后孔子称赞董狐说:"董狐,古之良吏也,书法不隐。"

【家训】　　　　　　　董氏家训选

位于江西省德兴市海口镇的海口村,历史悠久,建村距今1600多年。海口董氏自唐代始祖、江西第一进士董申定居此地以来,尊儒崇学,人文鼎盛,中进士者174人,为官者500多人。传家有训,绵绵不绝。德兴海口董氏于宋代制定的家规家训,是留给后人善德文化的样本,标注着为官居家境界的高度,把忠、良、孝、顺四个字,镌刻在董氏子孙的血脉里,融于心、化于行。

齐家之诫:正己以正家

为家长必正己以正家,则己正而家正,子弟必有从化者,而家世之传可期以不替也。

解读　身为一家之主,一定要先端正自己的品行,然后才能规范众人。自己的品行端正,进而才能端正家人。族中子弟有听从于教化的,则家族风范世代传习不绝。

读书之诫:卖金买书读

子弟幼小,且令诵习诗书,通晓文义。父兄之贤,当延明师以教,毋吝束修执见之礼。古人云:卖金买书读,读书买金易。诚哉,是言也。

解读　族中子弟在年幼时,应该让他们学习诗书,通晓书中义理。父兄贤明,应为他们延请明师来教导他们,不要吝惜延师的礼金。古人说:卖金买书读,读书买金易。确实是这样。

【拾艺】   董其昌书法赏析

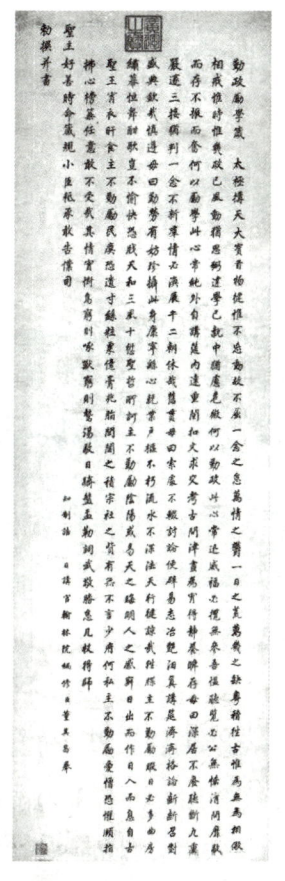 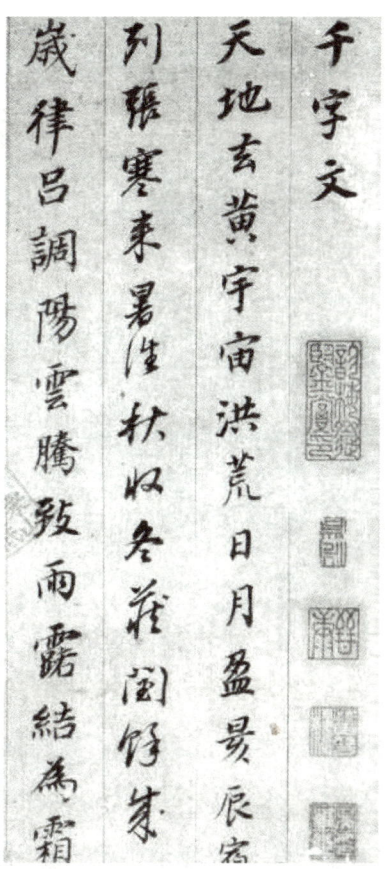

董其昌行楷书法作品《勤政励学箴》　　董其昌行书作品《千字文》，南京博物院藏。

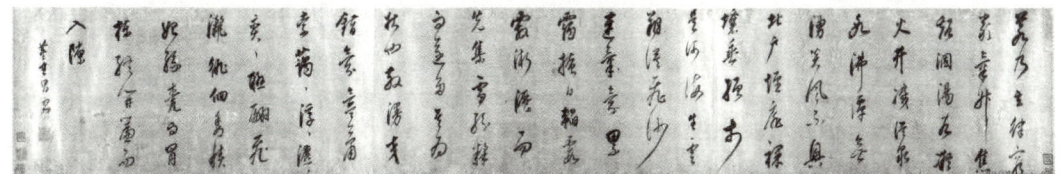

董其昌书法长卷《谢惠连〈雪赋〉》，尺寸：26.7 cm×183.7 cm，纽约大都会博物馆藏。其内容为节选南朝宋文学家谢惠连的名作《雪赋》。

◎ 萧姓·文字演变

小篆	隶书	楷书	行书	草书
萧	萧	萧	萧	萧
说文解字	马王堆帛书	孙秋生造像记	董其昌	王锋

【解字】 萧，小篆萧=艸（艸，植物）+肃（肃杀、没有生机），造字本义：干枯的艾蒿。

【溯源】 萧姓出自子姓，春秋时期，宋国有一名将南宫长万（亦作南宫万）叛乱杀死宋闵公，宋国众公子纷纷逃往萧邑（今安徽萧县），后来宋国微子（子姓）之后大心率王族弟子诛杀了南宫长万，平叛立功，宋桓公封大心于萧地，建立萧国，为宋的附属国，后世子孙以国名为姓，称萧氏。

【掌故】　　　　　成也萧何，败也萧何

这个成语出自《史记·淮阴侯列传》。

秦末汉初，淮阴（今属江苏省）有一个名叫韩信的人，年轻时生活孤苦，人们瞧不起他。后来，韩信投奔项羽，参加反秦活动。他曾向项羽提过一些作战建议，但都没有被采纳。韩信看到自己的才能无法施展，便改投刘邦。

一开始，刘邦也没有重用韩信，只让他当了一名小军官，一次犯了军法，还差点儿受刑处死。免死后，只让他充当一名管理粮草的小官（治粟都尉）。一次偶

然的机会，韩信遇上了萧何。萧何是刘邦的重要谋士，刘邦对他可以说是言听计从。萧何与韩信一席长谈之后，对韩信非常钦佩，认为韩信是一个不可多得的军事奇才。但是，正当萧何决定向刘邦推荐韩信的时候，韩信却逃跑了。原来，刘邦的部下多是徐州一带的人，刘邦被封为汉王，封地在汉中，地区偏狭，难以发展。因此，部下因想家而纷纷逃跑。韩信见刘邦没有重用自己的意思，也跟着跑了。

萧何得知韩信逃跑的消息，心急如焚，来不及报告刘邦，便跨上战马，连夜把韩信追了回来。刘邦原来以为萧何也逃跑了，非常生气。后来得知萧何竟亲自追回韩信这样一个不起眼的小官，埋怨萧何是小题大做。萧何向刘邦详细地介绍了韩信的情况，然后说："韩信具有杰出的军事才能，不是普通的人才。您若甘愿做一辈子汉中王便罢，要想夺取天下，非重用此人不可。"由于萧何的力荐，刘邦终于同意拜韩信为大将军，并选择良辰吉日，举行隆重的拜将仪式。

韩信被刘邦拜为大将军以后，充分发挥了自己的军事才能，为刘邦统一天下、建立汉朝立下了赫赫战功。但是刘邦做了皇帝以后，却对韩信越来越不放心。首先，解除了韩信的兵权，由"齐王"改封为"楚王"。项羽部将钟离昧与韩信交好，有人向刘邦上书称韩信谋反，刘邦将韩信逮捕赦免后，将其贬为"淮阴侯"。之后，又有人向刘邦的妻子吕后告密，说韩信图谋反叛。吕后想把韩信召来除掉，又怕他不肯就范，就同萧何商议。最后，由萧何设计把韩信骗到宫中，吕后以谋反的罪名把韩信杀害在长乐宫钟室。

后人根据这段历史，引出"成也萧何，败也萧何"这一成语，比喻事情的成败或好坏都是因为同一个人。

【拾艺】 萧云从《烟鬟秋色图》

萧云从（1596—1673），原名萧龙，字尺木，号默思，晚称钟山老人，祖籍当涂，芜湖人，明末清初著名画家，姑熟画派创始人。他善画山水格疏秀，兼工人物，与孙逸齐名。绘有《烟鬟秋色图》《太平山水图》《秋山行旅图卷》《秋山访友图》《江山览胜图卷》等画作几十幅。晚年结识铁匠汤鹏（即汤天池），指导汤以铁作画。

萧云从《烟鬟秋色图》（局部）

◎ 程姓·文字演变

小篆	隶书	楷书	行书	草书
程	程	程	程	程
说文解字	曹全碑	颜真卿	文徵明	虞世南

【解字】 呈，既是声旁也是形旁，表示上报。程，小篆程=禾（禾，庄稼）+呈（呈，上报），造字本义：称量谷物并上报。

【溯源】 程姓出自风姓，是重和黎的后裔。重、黎是古代传说中"五帝"时期的人物，先祖为颛顼。他的后裔伯符在西周前期被封在程地，建立了程国，后来即以国名为姓。一说源自重、黎的裔孙程伯休父。程伯休父被封到程邑（今陕西咸阳市东），他的子孙有一部分人以地为姓。

【掌故】 程门立雪

出自于《宋史·道学传二·杨时》："一日见颐，颐偶瞑坐，时与游酢（zuò）侍立不去。颐既觉，则门外雪深一尺矣。"旧指学生恭敬受教，现比喻尊师。

程颢（hào）、程颐（yí）兄弟俩都是宋代极有学问的人。进士杨时，为了增加自己的学识，毅然放弃了高官厚禄，跑到河南颍（yǐng）昌拜程颢为师，虚心求教。后来程颢去世，杨时自己也40多岁了，但仍然立志求学，刻苦钻研，又跑到洛阳去拜程颢的弟弟程颐为师。有一次，他和他的朋友游酢一块儿冒着雪花到程家去拜见程颐，但是正遇上程老先生，坐着打瞌睡。两人求学心切，又不敢打扰老师，便恭恭敬敬侍立一旁，不言不动，如此等了大半天，程颐才慢慢睁开眼睛，见杨时、游酢站在面前，吃了一惊，说道："啊，啊！他们两位还在这儿没走？"这时候，门外的雪已经积了一尺多厚了，而杨时和游酢并没有丝毫不耐烦的神情。

【家训】　　　　　　　程氏家训选

《修身篇》教育子女要心静，不要浮躁；要能干事，不恃（shì）才傲物；要蓄势惜福，不仗势欺人。

《持家篇》教育子女要头脑清醒，勤俭持家，低调做人，和亲睦邻。

《处世篇》教育子女要懂得吃亏是福，记恩忘仇，谦虚谨慎，平等待人。

《治学篇》教育子女读书要经世致用，虚心好学，独立思考，知错能改，自强不息。

《理政篇》教育子女为官要清廉、谨慎、勤政，通情达理，处变不惊。

解读　程氏家训在内容上大致分为修身、持家、处世、治学、理政五个方面，蕴含了"忠、孝、廉、节"等丰富的传统道德思想，体现了程氏家族对国家的忠孝、对理学的推崇和对自身修持的要求，至今润泽子孙。

【拾艺】　　　　　　　程邃书法与篆刻

程邃（suì）（1605—1691），字穆倩，安徽歙（shè）县人。擅长金石考证，又具铜玉器鉴赏力，富于收藏，博学工诗文，于丹青造诣亦深，尤其善用枯笔干皴（cūn）法写山水，特有神韵，是一位有民族气节且在诗、书、画、印多方面都有极高修养的艺术家。

程邃《行楷书扇面》,上海博物馆藏。

程邃篆刻作品

◎ 曹姓·文字演变

甲骨文	金文	小篆	隶书	楷书	行书
商·殷墟	天父癸爵　说文解字	说文解字	曹全碑　曹全碑	魏灵藏造像	苏轼

【解字】 "曹"是"遭"的本字。曹，甲骨文=東（东，行囊，代旅人）+東（东，行囊，代旅人），表示两个旅人相遇。有的甲骨文加"口"（言说），表示旅人相互问候。金文用"曰"（说话）代替"口"，明确问候、交谈的含义。造字本义：旅途上相遇的两个人互致问候。小篆承续金文字形。有的隶书将两个"东"的東東简写成曲。当"曹"的"旅人相遇"本义消失后，小篆再加"辵"（行进）另造"遭"代替。

【溯源】 曹姓出自姬姓。周朝时，周武王将他的一个弟弟封到曹邑（就是现今山东定陶一带），于是建曹国。曹国国君的子孙后来都以国为姓。

【掌故】　　　　　曹植《七步诗》

在曹操的几个儿子中，曹植是最有才华的，曹操也因此想立曹植为太子。但是他的哥哥曹丕善于察言观色，笼络人心，终于被立为太子。曹丕即位以后开始整治当初的对手，曹植是首当其冲的一个。一次，曹丕刁难曹植，让他在七步内作一首诗，不然就要杀掉他。曹植七步成诗，留下千古名句：煮豆燃豆萁，豆在釜中泣。本是同根生，相煎何太急！

【拾艺】　　　　　曹寅书法

释文　再报东皋（gāo）一尺书，哦（é）诗松下晚凉如。长城终古无坚垒，末路相看有敝庐。甚愿加餐燕玉暖，少忧问病梵（fàn）天虚。鬓（bìn）丝禅榻（tà）论情性，绕匣虫鱼已费除。

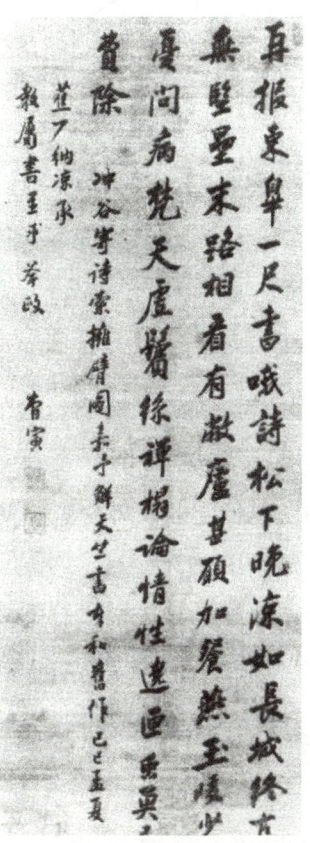

曹寅《行书七言律诗轴》，中国国家博物馆藏。

◎ 袁姓·文字演变

甲骨文	金文	小篆	隶书	楷书	行书	草书
商·殷墟	吴大澂	说文解字	赵君碑	苏孝慈碑	吴宽	王羲之

【解字】 袁，甲骨文 = （衣）+ （又，伸手），表示穿衣服。衣，既是声旁也是形旁，表示人类遮羞保暖的穿着物。有的甲骨文加"口"，表示圆形的衣领。造字本义：古代服装的圆领。金文将甲骨文的"又"写成"中"，同时将"口"从甲骨文的衣外移至衣内。小篆承续金文字形。隶书打破小篆结构，将小篆的 写成 土，又将小篆的 写成 。

【溯源】 袁姓出自妫姓，是舜帝后裔。舜帝的三十三世孙妫满被周武王封为陈侯，谥号胡公，胡公满的十一世孙有个叫诸的，字伯爰，其后裔以先祖的字为氏，称爰氏，古时袁、辕、爰、榬、溒、援都是同音通用，袁姓即其中一支。

【掌故】 　　　　袁安高卧

东汉时期，有一年洛阳大雪，他人皆除雪出外乞食，独有袁安门前积雪如故。洛阳令按户查看，以为袁安已经冻饿而死，便让人扫除积雪，进屋察看。只见袁安直挺挺地躺着，便问何以不出，安曰："大雪人皆饿，不宜干人（不应当打搅别人）。"洛阳令钦佩他的贤德，举荐他为孝廉。后遂以"袁安困雪"或"袁安高卧"称赞身处困穷但坚守节操的行为。

【家训】 　　　　　　　　袁氏世范

袁采,衢(qú)州人,宋代隆兴元年(1163年)进士,后官至监登闻鼓院,掌管军民上书鸣冤等事宜,即负责受理民间人士的上诉、举告、请愿、自荐、议论军国大事等方面给朝廷的进状。袁采自小受儒家之道影响,为人才德并佳,时人赞称"德足而行成,学博而文富"。步入仕途以后,袁采以儒家之道理政,以廉明刚直著称于世,而且很重视教化一方。在任温州乐清县县令时,他追慕子思在百姓中宣传中庸之道的做法,撰写《袁氏世范》一书以践行伦理教育,美化风俗习惯。

《袁氏世范》节选: 言忠信,行笃敬,乃圣人教人取重于乡曲之术。盖财物交加,不损人而益己,患难之际,不妨人而利己,所谓忠也。有所期诺,纤毫必偿,有所期约,时刻不易,所谓信也。处事近厚,处心诚实,所谓笃也。礼貌卑下,言辞谦恭,所谓敬也。若能行此,非惟取重于乡曲,则亦无人而不自得。然敬之一事,于己无损,世人颇能行之,而矫饰假伪,其中心则轻薄,是能敬而不能笃者,君子指为谀(yú)佞(nìng),乡人久亦不归重也。

解读 言论讲究忠信,行动奉行笃敬,这种原则是圣人教人们如何获得乡里人们敬重的方法。不外乎在财物方面,不干损人利己的事;在关键时刻,不干妨碍别人而方便自己的事。这就是人们所说的"忠"。一旦许诺言给人,就是一丝一毫的小事,也一定要有结果;一旦定期有约,就是一时一刻也不耽误,这就是人们所说的"信"。待人接物热情厚道,内心诚实敦厚,这就是人们所说的"笃"。礼貌谨慎,言辞谦逊,这就是人们所说的"敬"。如果能够"言忠信,行笃敬",不仅能得到乡亲的敬重,就是干任何事都能顺利。然而恭敬待人一事,对自己毫无损失,世人还能做到。可是如果不能表里如一,表面上待人很好,心中却轻视鄙薄,这就成了能"敬"而不能"笃"了,君子就会把他称为谄佞小人,乡亲们久而久之也不会再敬重他。

【拾艺】

袁枚书法

袁枚（1716—1798），清代诗人、诗论家。字子才，号简斋、苍山居士，晚号随园老人。钱塘（今浙江杭州）人。有《小仓山房集》《随园诗话》等著作传世。袁枚是乾嘉时期代表诗人之一，与赵翼、蒋士铨（quán）合称为"乾隆三大家"。

袁枚书法灵动清雅，不事雕琢，自然闲适，正合于其"性灵"之主张。虽法度稍欠，而才情横溢，亦为佳作。

释文

翠竹凌云苍松拔地　　巨鱼纵壑健鹘摩天

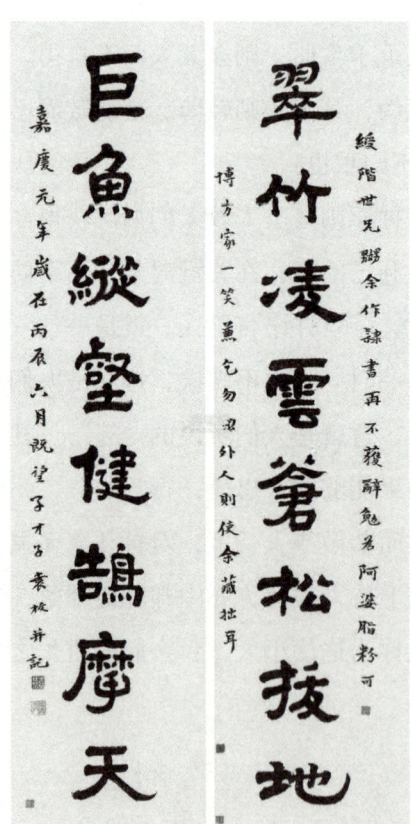

◎ 邓姓·文字演变

金文	小篆	隶书	楷书		行书	草书
邓子午鼎	说文解字	桐柏庙碑	颜真卿	颜真卿	楼钥	皇象

【解字】 邓，繁体作"鄧"。登，既是声旁也是形旁，表示上殿献祭。鄧，金文=（登，上殿献祭）+（邑，城邑），表示城中祭台。造字本义：古代城邑中献祭敬拜的大土台。小篆将金文的上下结构调整成左右结构。隶书将小篆的写成，将小篆的"邑"写成"双耳旁"阝。俗体楷书邓用字形简单的"又"又（动作）代替正体楷书中复杂字形"登"。

【溯源】 邓姓来源，一说是炎帝第九世夸父的后裔，源于商王武丁封叔父曼季于邓地（今湖北襄阳邓城），称为邓侯，亡国之后的邓侯子孙，为纪念故国，便以国名为姓，称邓氏。

【掌故】　　　　清末海军杰出爱国将领邓世昌

邓世昌（1849—1894），原名永昌，字正卿，广东番禺人，清末北洋水师将领，民族英雄。邓世昌是中国最早的一批海军军官，曾经担任北洋舰队"致远"号管带（舰长）。他有强烈的爱国心，常对士兵们说："人谁无死？但愿我们死得其所！"1894年，中国和日本之间爆发了甲午战争。战斗的最后时刻到了，邓世昌对部下说："吾辈从军卫国，早置生死于度外，今日之事，有死而已！"这

时，一发炮弹不幸击中"致远"舰的鱼雷发射管，使管内鱼雷发生爆炸，导致"致远"舰沉没。200多名官兵大部分牺牲。邓世昌坠身入海，随从抛给他救生圈，他执意不接。爱犬"太阳"飞速游来，拽住他的衣服，使他无法下沉，可他毅然将爱犬按入水中，一起沉入碧波，献出了宝贵的生命，享年45岁。为纪念邓世昌，人们创作了《甲午风云》《英雄邓世昌》《甲午大海战》等多部文学、影视、戏曲作品，以歌颂其英雄壮举。

【拾艺】　　　　　邓文原书法

邓文原章草书法《临吴皇象急就章全卷》，纸本，23.3 cm×398.7 cm。作于元大德三年（1299年），现藏于北京故宫博物院。

◎ 许姓·文字演变

金文	小篆	隶书	楷书	楷书	行书	草书
卧	許	许	許	许	許	洛
鬲攸从鼎	说文解字	李兆洛	孙秋生造像	颜真卿	黄庭坚	王羲之

【解字】 午，既是声旁也是形旁，是"杵"的本字，表示向下舂插。许，金文 許 = 言（言，说话）+ 午（午，即"杵"，向下舂插），比喻说话时不断地点头。造字本义：点头答应，允诺。小篆 許 承续金文字形。楷书 許 将小篆的 午 写成 午。"许"表示同意、赞成，给予对方做某事的权力。

【溯源】 许姓出自姜姓，是先帝神农的后裔。许氏与齐氏同祖，为上古四岳伯夷之后。周武王时，分封姜姓诸侯国于许地（今河南许昌一带），建立许国，其始祖为文叔，称许文叔。许国灭亡后，其子孙以国名为氏，称许氏。

【掌故】　　　　　　许慎著《说文解字》

许慎（约58—约147），字叔重，东汉汝南召陵（今河南郾城）人，东汉著名经学家、文字学家。永平九年（66年），许慎进入小学学六书。永平十一年（68年），许慎开始广泛学习经籍，研读《诗》《书》《礼》《易》《春秋》及诸子百家著作。经学大师马融时常推崇敬重他，当时的人都说："在五经的研究上没有人能超过许慎"。永元十二年（100年），许慎初步完成《说文解字》。在校书期间，许慎知识涉猎更广，而且研究更加精深，当时，《说文解字》已经创作完成，为了令其更加完善，许慎一直都没有定稿，而是不断地将新的发现和收获补充进去。建光元年（121年），许慎才最后写成定稿，将《说文解字》献于朝廷。

【拾艺】 　　　　　　　许初书法

明代许初草书《李白清平调词三首诗卷》，纸本，27.3 cm×442.5 cm，作于嘉靖三十四年（1555年），北京故宫博物院藏。

释文 云想衣裳花想容,春风拂槛(jiàn)露华浓。若非群玉山头见,会向瑶台月下(逢)。

一枝秾艳露凝香,云雨巫山枉断肠,借问汉宫谁得似,可怜飞燕倚(yǐ)新妆。

名花倾国两相欢,常得君王带笑看。解释春风无限意,沉香亭北倚栏杆。

乙卯春夜偶兴,秉烛作草书。懋(mào)慎适在座,举杯沉酣,歌前三词不辍(chuò)。知懋慎之兴尚复不浅,遂为书之,用纪兹会之胜。许初。

◎ 傅姓·文字演变

金文		小篆	隶书	楷书	行书	草书
中山王壶	吴大澂	说文解字	马王堆帛书	李璧碑	王羲之	傅山

【解字】 尃，既是声旁也是形旁，表示用布块打包行装。傅，金文=（人）+尃（尃，包扎），造字本义：打点，帮助。小篆承续金文字形。

【溯源】 傅姓一支源于姬姓，出自黄帝裔孙大由的封地傅邑，属于以国名为氏；一支源于姚姓，出自舜帝之后裔所建傅阳国，亦以国名为姓。

【掌故】　　　　　"骑驴状元"傅以渐

傅以渐（1609—1665），字于磐，号星严，山东聊城东昌府人，清朝开国状元，文才盖世，官拜武英殿大学士兼户部尚书。至今，他的家乡聊城还流传着"状元骑驴"的故事。古代举人赶考，多骑高头大马，衣着华丽，但傅以渐却衣衫破旧，骑着一头毛驴就上了路。那些富家子弟嘲笑他："骏马方能配金鞍，毛驴岂能登金殿！"对此，傅以渐默默不语。出榜后，那些富家子弟名落孙山，傅以渐却高中状元。傅以渐后来做了高官，生活依然十分朴素，文武官员都骑马坐轿上朝，他仍以毛驴代步。一天，他骑驴上朝，不慎从驴背上摔了下来，顺治帝急忙向前，将他扶起，事后，还给他画了一幅《骑驴小像》，一时传为佳话。傅以渐还做过康熙帝的老师，康熙也曾给他牵驴解鞍。后人曾有诗曰："阁老骑驴来金殿，康熙引缰走在前。若非太保展雄才，清鼎岂能安如山。"

【拾艺】　　　　　　　　　　傅山《五言古诗卷》

康熙六年（1667年），傅山好友王毓青得一子，傅山作草书诗手卷为之庆贺，贺诗前有序言，诗后有长跋及附记。草书酣畅淋漓，起伏揖让，被列为"中华行草经典"，手卷不仅书法优美，而且文调无俗套，内容更富哲理。

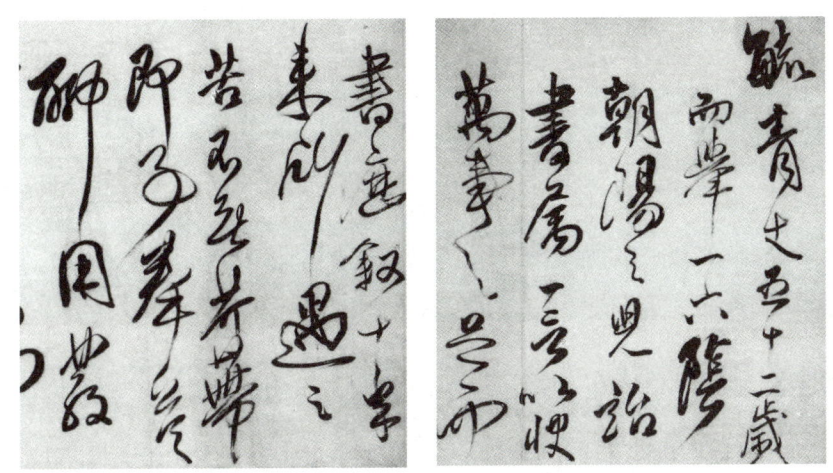

傅山行草书作品《五言古诗卷》，宽25.4 cm，长336 cm。

释文　毓（yù）青丈五十二岁而举一六阴朝阳之儿，诒（yí）书属一言，以快万事之足；而书历叙十年来所遇之苦，不无芥蒂。即事奉缙（juàn），聊用发……

◎ 沈姓·文字演变

甲骨文	金文	小篆	隶书	楷书	行书	草书
(图)	(图)	(图)	(图)	沈	沈	沈
商·殷墟	沈子它簋	古文字类编	马王堆帛书	颜真卿	沈度	王羲之

【解字】 "沈""沉"本同源，后分化。沈，甲骨文=（川，河水）+（两只羊），像很多羊只被沉在河水之中，表示将牛羊等牲畜投河来祭奉水神，以求河川安顺无患。有的甲骨文以牛替羊，以替。金文=（水，河川）+（亢，即"方"，将被流放的重刑罪犯），表示用死刑犯代替牲畜祭祀河神。造字本义：将牛羊牲畜或死刑犯投入河湖，以祭祀河湖之神，祈求免于水患。小篆承续金文字形。隶书将小篆的"水"写成"三点水"。

【溯源】 沈姓一支出自姬姓，以国为姓，是黄帝的后裔。沈本是上古国名，最早是夏禹子孙的封国。春秋时，沈国为蔡所灭，国君子孙逃奔楚国，其后子孙遂以故国名为姓，称沈氏。一支出自芈姓，周代楚国公族封于沈鹿，因以获姓。

【掌故】 <center>"科学神人"沈括</center>

沈括（1031—1095），字存中，号梦溪丈人，浙江钱塘（今浙江杭州）人，北宋政治家、杰出科学家。沈括一生致力于科学研究，在多个领域都有很深的造诣和卓越的成就，被誉为"中国整部科学史中最卓越的人物"。其代表作《梦溪笔谈》内容丰富，涉及"数学、物理、化学、天文、地理、水利、医药、经济、军事、艺术"等几十个领域，集前代科学成就之大成，涉猎之广，很难想象。在世界文化史上有着重要的地位，被称为"中国科学史上的里程碑"。李约瑟博士曾把沈括的《梦溪笔谈》誉为"中国科学史的坐标"，认为沈括的工作代表了当时中国科学的最高水平。

【拾艺】　　　　　沈周书法

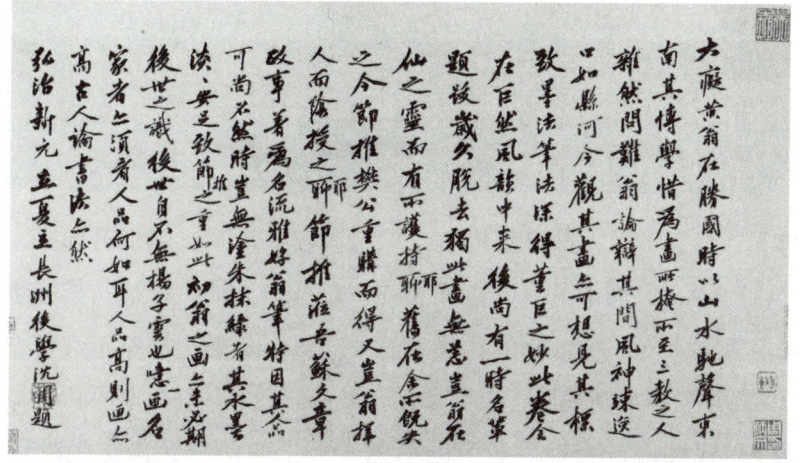

明代沈周书法《题跋黄公望富春山居图卷》，台北故宫博物院藏。

释义　大痴黄翁在胜国时，以山水驰声东南，其博学惜为画所掩，所至三教之人，杂然问难，翁论辩其间，风神辣逸，口如悬河，今观其画，亦可想其标致。墨法笔法，深得董、巨之妙。此卷全在巨然风韵中来。后尚有一时名辈题跋，岁久脱去，独此画无恙，岂翁在仙之灵，而有所护持耶？旧在余所，既失之，今节推樊公重购而得，又岂翁择人而阴授之耶？节推苣吾苏，文章政事。著为名流，雅好翁笔，特因其人品可尚，不然，时岂无涂朱抹绿者，其水墨淡淡，安足致节推之重如此？初翁之画，亦未必期后世之识，后世自不无扬子云也。噫！以画名家者，亦须看人品何如耳。人品高，则画亦高，古人论书法亦然。弘治新元立夏立。长洲后学沈周题。

◎ 曾姓·文字演变

甲骨文	金文		小篆	隶书	楷书	行书	草书
商·殷墟	易鼎	曾伯簠	说文解字	曹全碑	颜真卿	陈柬之	王羲之

【解字】 曾，甲骨文是象形字，像蒸汽从竹圈垫上升起来。金文在竹垫下加"口"，像锅形。有的金文在"口"（锅）中加一横指事符号，表示锅中有水。造字本义：把食物放在锅中的竹圈垫上蒸熟。小篆承续金文字形。当"曾"的"蒸熟"本义消失后，再加"瓦"另造"甑"代替，表示用瓷器作蒸具。

【溯源】 曾姓出自姒姓。黄帝的第二十五子叫昌意，昌意生颛顼，颛顼生鲧（gǔn），鲧生禹。传说鲧的妻子因梦食薏苡而生禹，舜帝赐予禹姒姓。发明甑的曾人部落，是姒姓部落的一支。后来，夏王少康封其次子曲烈为甑子爵，在甑地（今山东临沂兰陵）建立鄫国，再后被莒国所灭，其代后用原国名"鄫"为氏，除去邑旁（阝），表示离开故城，不忘先祖，称为曾氏。

【掌故】   **曾母投杼**（zhù）

孔子弟子曾参住在鲁国费地，费地有一个人与曾参同名同姓，他杀死了一个人。有人就跑来告诉曾参的母亲说："曾参杀了人！"曾参的母亲说："我的儿子是不会杀人的。"说完，便只管织自己的布。过了一会儿，别人又跑来说："曾参杀人了！"曾参的母亲还是照常织自己的布。又过了一会儿，又有人跑来说："曾参杀人了！"曾参的母亲听到"曾参杀人"的传闻接连三次，便信以为真，曾母害怕了，扔掉织布机的梭子，翻墙逃跑了。知子莫若母，曾母对曾参是完全了解、完全相信的。然而，当一而再、再而三地听到别人说曾参杀人时，她也信以为真。"曾母投杼"这个故事说明谎话多说几遍，也能使人相信，谣言传播开来，便会迷惑人心，令人怀疑。

【拾艺】　　　　　曾巩书法

此为"唐宋八大家"之一曾巩传世孤本《局事帖》，纵29 cm，横39.5 cm，124字，为曾巩62岁那年写给同乡故人的一封信。在2016年5月结束的中国嘉德2016年春季拍卖会上，曾巩《局事帖》以2.07亿元成交。

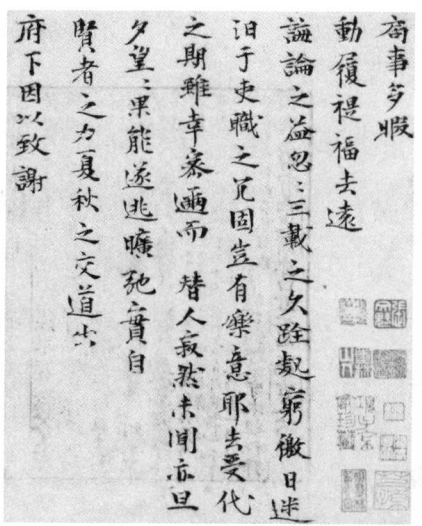
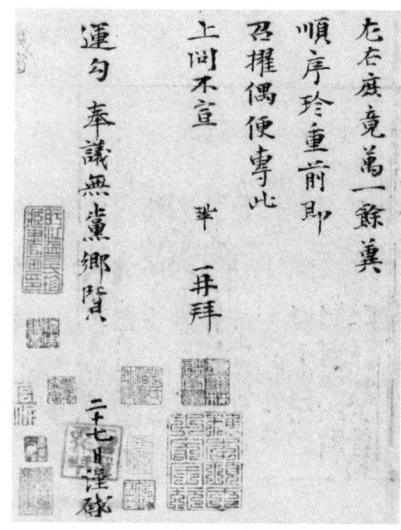

◎ 彭姓·文字演变

甲骨文	金文	小篆	隶书	楷书	行书	草书
彭	彭	彭	彭	彭	彭	彭
商·殷墟	彭女簋	说文解字	孔彪碑	褚遂良	王羲之	毛泽东

【解字】 "彭"是"嘭"的本字。彭，甲骨文 彭 = 壴（壴，以掌击鼓）+ 彡（彡，巨大响声），表示侧击鼓时发出的"嘭嘭"声响。造字本义：侧击鼓面时发出的震耳"嘭嘭"声。金文彭、小篆彭承续甲骨文字形。当"彭"的本义消失后，再加"口"另造"嘭"代替。击鼓技法中，垂直敲击鼓面中心发出"咚咚"声，侧击鼓面发出"嘭嘭"声。

【溯源】 彭姓一支出自籛姓，为颛顼帝玄孙陆终第三子籛铿之后，籛铿受封于彭地（今江苏徐州），建立大彭国，称为彭祖，其子孙以国名为姓，称彭氏。一支出自妘姓，为帝喾（kù）时的火官祝融之后八姓之一的彭姓。据《国语》记载，"祝融之后八姓"为己、董、彭、秃、妘、曹、斟、芈等。

【掌故】 寿星彭祖

彭祖，先秦道家先驱之一。名籛字铿，又称彭铿，陆终第三子，是彭姓、钱姓、韦姓共同的祖先，今人称之为"彭祖"即大彭国始祖。清人孔广森注解《列子·力命篇》"彭祖之智不出尧舜之上，而寿八百"之句时说："彭祖者，彭姓之祖也。大彭历事虞夏，于商为伯，武丁之世灭之,故曰彭祖八百岁,谓彭国八百年而亡,非实篯不死也。"但彭祖精于养生,族中长寿之人辈出,是上古时代一个有代表性的著名长寿家族,于是逐渐形成"彭祖享寿八百"这类的传说并流布于后世,被誉为"中国老寿星"。孔子及庄子、荀子等先秦思想家都对他推崇备至。

【拾艺】

彭年小楷书法

彭年(1505-1566),字孔嘉,号隆池山樵,南直隶苏州府长洲(今江苏苏州)人。好学工书,少与文徵明友好,兼精治印,亦擅长诗词。

释文 吴中自衡山翁后,绝无喜蓄书画者。顷岁幸赖元美宪使精于鉴赏,收购渐广。又幸借观无所爱。每每自庆,如翠微词翰,尤所希见者。而获见之。益加自庆焉。其诗笔字法之(缺字)。何容复置喙耶?隆池山樵彭年题妙。

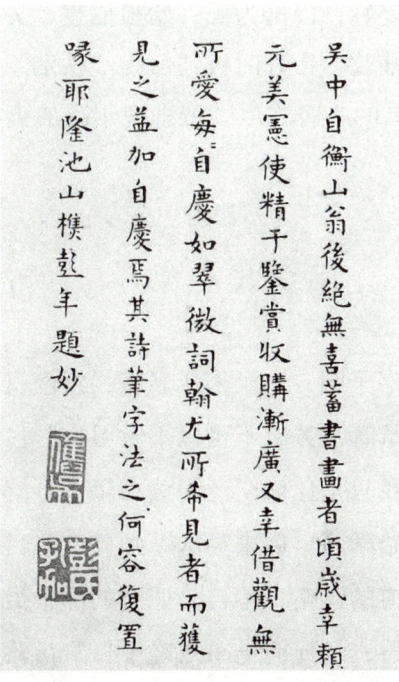

彭年小楷书法题跋《薛绍彭杂诗卷》,台北故宫博物院藏。

◎ 吕姓·文字演变

甲骨文	金文	小篆	隶书	楷书	行书	草书
吕	吕	吕	吕	吕	吕	吕
商·殷墟	貉子卣	说文解字	武威简	颜真卿	董其昌	怀素

【解字】 吕，甲骨文 吕 = 口（口，唱歌）+ 口（口，唱歌），表示两人或多人相唱和。造字本义：声乐形式之一，两人或多人相唱和。金文 吕 承续甲骨文字形。小篆 吕 在两个"口"之间加一连接竖线丨，强调两者之间的一体化联系。当"吕"的"唱和"本义消失后，又加"人"另造"侣"代替。

【溯源】 吕姓出自姜姓，以国为氏，始祖伯夷。炎帝的后裔，共工氏重孙伯夷是帝颛顼之师，帝尧时辅政，帝舜时被任命为"秩宗"。禹代行天子之政时，伯夷尽心辅弼（bì），成为禹的心腹之臣。帝舜晚年赐伯夷姓姜，赐氏为吕，并封他为吕侯，称为吕氏部落。

【掌故】 吕蒙发奋勤学

吕蒙（178—219），字子明，东汉末年名将，汝南富陂人（今安徽阜南）。孙权曾对吕蒙说："你现在掌管事务，不可以不学习！"吕蒙以军中事务繁多为由推辞学习一事。孙权说："我只是让你广泛阅读书籍，了解历史而已。我经常读书，益处很大。"于是吕蒙开始学习。后来吴国军师鲁肃和吕蒙一起谈论事情，鲁肃很吃惊地说："你现在所知道的谋略，不再是原来的那个吴县的阿蒙了！"吕蒙说："士别三日，即当刮目相待，长兄何见事之晚乎！"吕蒙发愤勤学的事迹，成为古代将领"以勤补拙、笃志力学"的杰出代表。

【拾艺】　　　　　　　吕祖谦书法

吕祖谦（1137—1181），字伯恭，婺州（今浙江金华）人。隆兴元年（1163年）进士，累官直秘阁。吕祖谦力主抗金，改革弊政。为学主张明理躬行，治经史以致用，"讲实理，育实才，并求实用"。知识赅（gāi）博，善取众长，蔚然成理学大师，与朱熹、张栻（shì）齐名，人称"东南三贤"。

吕祖谦行书《文潜帖》，又称《慰言帖》，为《宋代法书册》所收之一，是吕祖谦致刘焞（tūn）的书札。此帖应为淳熙七年（1180年）所书，吕祖谦时年44岁。《文潜帖》笔法奇异，婉转跌宕，简牍精丽，为时所重。吕氏存世作品很少，故此帖极为珍贵。

释文　祖谦上覆。文潜至孝知府朝议兄，谨此附承慰唁。拳拳之意，不殊前幅。中甫昆仲，并想□痛难胜，亦不及一一上状。祖谦上覆。

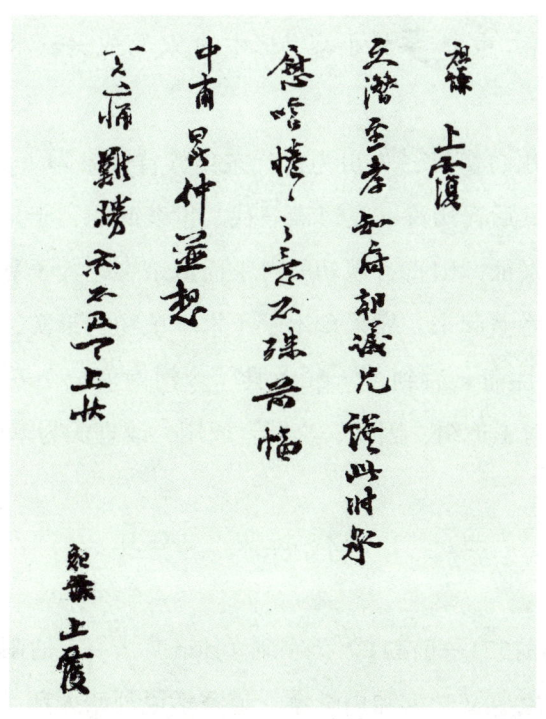

吕祖谦《文潜帖》，纸本30 cm×18.8 cm，北京故宫博物院藏。

◎ 李姓·文字演变

甲骨文	金文	小篆	隶书	楷书	行书	草书
商·殷墟	五祀卫鼎	说文解字	曹全碑	智永	李世民	王羲之

【解字】 李，甲骨文 = （木，树）+ （子，后代，比喻籽实），表示树木所结的果实。造字本义：一种春天开白花的落叶乔木在夏季结的酸甜果子。金文 、小篆 承续甲骨文字形。隶书 将小篆字形中的 写成 ，将小篆字形中的 写成 。

【溯源】 李姓出自嬴姓，先祖为古代东夷族首领皋陶（yáo），在帝尧时任大理（司法长官），其后裔历舜、夏、商三代，世袭此职，于是以官命族为理氏。商朝末年，理氏裔孙理征，因直言规劝殷纣王而遭杀害，其子利贞随母契和氏逃至豫西的"伊侯之墟"隐藏起来，靠采食木子（木本植物的果实，即树上结的果）充饥，因而保全了母子性命。后到苦（gǔ）县（今河南鹿邑）安家。为了感激"木子"保命，并躲避殷纣王追缉，因理、李同音通用，改理氏为李氏。

【掌故】 "古代哲人"李耳

李耳即老子（约前571—前471），字聃（dān），一字伯阳，或曰谥伯阳。中国古代思想家、哲学家、文学家和史学家，道家学说创始人和主要代表人物。著有家喻户晓的《道德经》，其作品的精华是朴素的辩证法，主张无为而治，其学说对中国哲学发展具有深刻影。在道教中，老子被尊为道教始祖。老子与后世的庄子并称"老庄"，孔子也曾经向老子求教哲理。

【拾艺】 李白书法

李白草书《上阳台帖》纸本，纵28.5 cm，横38.1 cm。5行，共25字。其书苍劲雄浑而又气势飘逸，用笔纵放自如，雄健流畅，很符合李白的诗歌风格。题跋包括了宋徽宗赵佶（jí），元张晏、杜本、欧阳玄，以及清乾隆皇帝等，每个人的题跋字数，几乎都是正文的两倍以上。引首还有乾隆皇帝楷书题"青莲逸翰"四字。

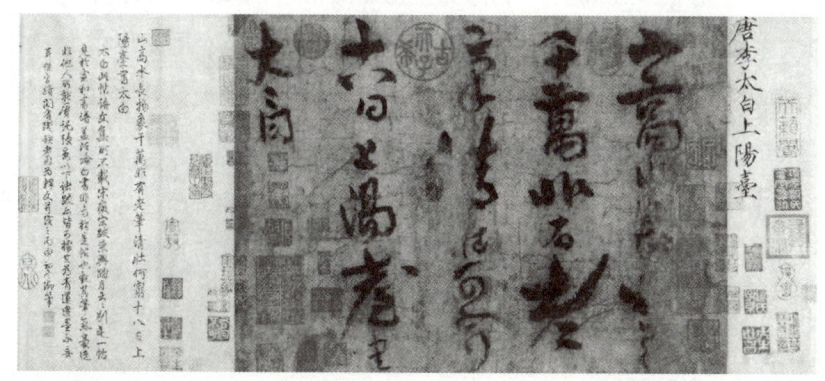

释文 山高水长，物象千万，非有老笔，清壮可穷。十八日，上阳台书，太白。

◎ 王姓·文字演变

甲骨文	金文			小篆	隶书	楷书	行书	草书
商·殷墟	乙酉父彝	大丰簋	颂簋	说文解字	孙膑21	李超墓志	王导	王羲之

【解字】 甲骨文中"王"与"士"同源，后分化。"士"的金文字形与"王"的甲骨文字形一致。王，甲骨文字形像带手柄的宽刃巨斧。有的甲骨文在战斧（士）的基础上加一横指事符号—表示"王"是超级的"士"。造字本义：最大的战斧，代指战场上所向无敌的统帅。金文承续甲骨文字形。有的金文将斧形的简化成士，淡去了斧形。小篆承续金文字形。小篆的"玉"与小篆的"王"字形相似，区别在于："玉"的三横疏密均匀，而"王"的三横上密下疏。在远古冷兵器时代，军人所使用的武器，代表了其级别与地位：身在前线用小型战斧作战的叫"兵"，身在将帅身边、使用大型战斧的高级警卫叫"士"，使用特大战斧的将帅叫"王"。

【溯源】 王姓出自姬姓。据史书记载：在京兆、河间一带的王氏族人，据说是周文王的第十五个儿子毕公高的后代，因此，这一支乃是出自姬姓；还有一些是少数民族王朝的后代，因其祖先是王者而姓王。

【掌故】

昭君出塞

王昭君，名嫱，字昭君，西汉南郡秭归（今属湖北）人，与貂蝉、西施、杨玉环并称中国古代四大美女,是中国古代四大美女之一的"落雁"。竟宁元年(前33年)正月,南匈奴呼韩邪单于入长安朝觐(jìn)汉天子,自请为婿,元帝遂将昭君赐予呼韩邪单于,单于非常高兴,表示愿意永保边境和平。昭君和亲出塞,维护汉匈关系稳定达半个世纪之久,"昭君出塞"的故事千古流传。

【拾艺】　　　　　　　　王羲之书法

王羲之《平安》《何如》《奉橘》三帖,均为尺牍。存双钩摹本,现藏于台北故宫博物院。前隔水有宋徽宗题款"晋王羲之奉橘帖"。米芾《书史》谓"又有唐摹右军帖,双钩蜡摹,末后一帖,是'奉橘三百颗(帖作枚)霜未降,未可多得。'"《奉橘帖》在唐代就很有名,诗人韦应物有诗句说:"书后欲题三百颗,洞庭更待满林霜。"用的就是这件书迹的典故。

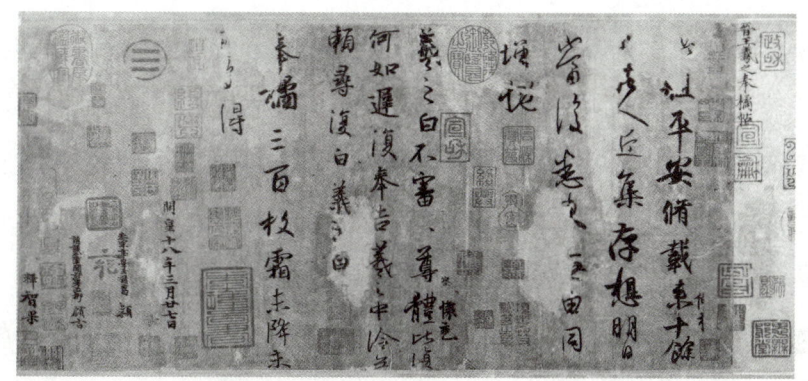

释文　此粗平安。修载来十余□。□人近集存。想明日当复悉。□□由同增慨。羲之白。不审尊体比复何如。迟复奉告。羲之中泠无赖。寻复白。羲之白。奉橘三百枚。霜未降。未可多得。

◎ 张姓·文字演变

小篆	隶书	楷书	行书	草书
弻	張	張	張	张
说文解字	马王堆帛书	钟繇	王羲之	文天祥

【解字】 张，繁体作"張"，长（長）既是声旁也是形旁，表示空间距离大。张，小篆 弻 弓（弓）+ 長（长，距离大），表示拉开弦与弓的距离，即将松弛的弓弦绷紧，使之处于高弹力状态。造字本义：动词，拉开弦与弓的距离，使弓弦紧绷，为射箭作准备。隶书 張 将小篆的"长"長写成長。简体楷书 张 依据类推简化规则，将正体楷书的 長 简化成 长。"张"是绷紧弓子上的弦，使弓子处于有弹力状态；"弛"是拆解紧绷在弓上的弦，使弓处于没有弹力的休养状态。

【溯源】 张姓得姓可追溯到黄帝时代，已有5000年的历史。《新唐书·宰相世系表》中说："黄帝子少昊青阳氏第五子挥为弓正，始制弓矢，子孙赐姓张。"挥是黄帝时代姬姓部落中一个氏族的重要首领，也是姬姓部落的一名星官。挥发明了弓箭，大大提高了氏族猎捕禽兽的能力。挥被任命为弓正（官名），也叫弓长，其后代以张为姓。

【掌故】 "横渠先生"张载

张载（1020—1077），字子厚，北宋著名的教育家、哲学家，理学创始人之一。幼时家道贫寒，饱受磨难，发愤好学。因其家住陕西眉县横渠镇，又曾在那里讲学,所以学者称其为"横渠先生"。著名的"横渠四句":"为天地立心,为生民立命,为往圣继绝学,为万世开太平",就是出自张载的名言警句,深刻地描述了知识分子的博大情怀,也是他一生的真实写照。张载21岁时,正值范仲淹任陕西招讨副使兼延州知事之职,于是他上书谒见范仲淹,献议于边疆战事。范仲淹在延州军府召见了这位志趣不凡的儒生,张载谈论自己对军事边防的一些见解,得到了范仲淹极大的赏识,认为张载可成大器。张载著有《正蒙》《经学理窟》《易说》等。

【拾艺】　　　　　　张旭书法

张旭书法墨迹《草书古诗四首》,凡40行,188字。其内容,前两首是庾(yǔ)信的《步虚词》,后两首是南朝谢灵运的《王子晋赞》和《四五少年赞》(疑为伪托)。通篇笔画丰满,绝无纤弱浮滑之笔。行文跌宕起伏,动静交错,满纸如云烟缭绕,实乃草书巅峰之作。

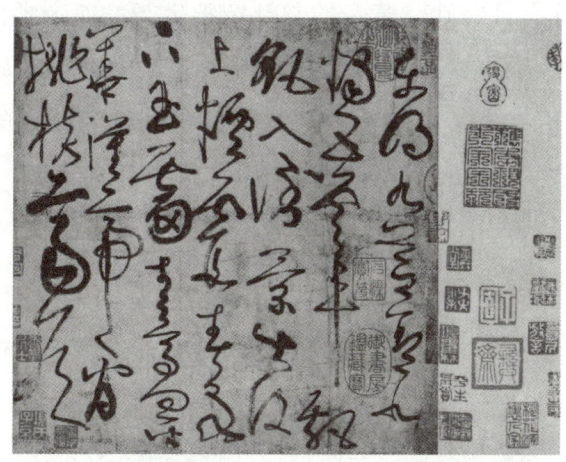

张旭《草书古诗四首》,五色笺,辽宁省博物馆藏。

◎ 刘姓·文字演变

小篆	隶书	楷书	行书	草书
劉	劉	劉	劉	劉
杨沂孙	礼器碑	柳公权	米芾	文天祥

【解字】 "刘"是形声字，繁体作"劉"。《说文》无劉字，但有从劉声之字如瀏等。《说文》有"镏"，训为"杀也"。镏、劉二字皆从卯声，其来源于甲骨文之"卯"字，甲骨文"卯"字用为杀牲之法，因此镏、劉二字皆训杀。《书·盘庚上》："重我民，无尽刘。"正用为"杀"义。也用为兵器之名，《书·顾命》："一人冕执刘，主于东堂。"

【溯源】 刘姓出自姬姓，黄帝的曾孙帝喾生尧。而帝喾氏族形成于少昊金天氏政权时期，其父系先祖为黄帝氏族，母系先祖为炎帝氏族。在母系氏族社会，随母姓为魁隗氏，炎帝神农后裔。最早一支刘姓源自尧的后裔刘累。刘累家族是属于一支既能豢（huàn）养龙，又怀屠龙技术的部落。

【掌故】 前度刘郎

南朝宋·刘义庆《幽明录》里说，东汉时，刘晨和阮肇（zhào）同赴天台山采药，在桃源遇二仙女，刘、阮被邀留居半年，两人返回家乡时，子孙已经历七世。于是二人又重返天台。

唐代刘禹锡因参与王叔文、柳宗元等人的革新活动被贬朗州（今湖南常德）司马。10年后，被朝廷"以恩召还"，回到长安。这年春天，他去京郊玄都观赏桃花，写下了《玄都观桃花》："紫陌（mò）红尘拂面来，无人不道看花回；玄都观里桃千树，尽是刘郎去后栽！"以桃花隐喻暂时得势的奸佞小人。这样的诗自然有人不满，他又因"语涉讥刺"而再度遭贬。又过了12年，诗人再游玄都观，只见庭院内一片荒凉，桃树无存，道士也不知去向，不禁感慨万千，写下了《再游玄都观》："百亩庭中半是苔，桃花净尽菜花开。种桃道士归何处？前度刘郎今又来。"依然如故，不改初衷，痛快淋漓地抒发了自己不怕打击、坚持斗争的倔强意志。"前度刘郎今又来"的不懈斗争精神，一直为后人敬佩。刘禹锡的诗化为成语：前度刘郎。

"前度刘郎"，既是以姓自指，又是引用刘、阮故事。后人称去而复来的人为"前度刘郎"。

【拾艺】 刘墉书法

刘墉（1719—1805），字崇如，号石庵，山东诸城人。他生于书香门第，长于显宦之家。他的祖父刘棨（qǐ）是康熙二十四年（1685年）进士，官至四川布政使。父亲刘统勋是雍正二年（1724年）进士，官至东阁大学士。刘墉于乾隆十六年（1751年）中进士，官至体仁阁大学士加太子太保。他博通经史百家，工诗善对，精于书法。刘墉的书法，初看圆软滑，若团团棉花。细审则骨骼分明，内含刚劲。刘墉书法之境界可以"静""淡""清"三字概括，这是他超过常人之处。有"浓墨宰相"之美称。

释文 后山句。句里江山随指顾，舌端幽眇致张皇。石庵。

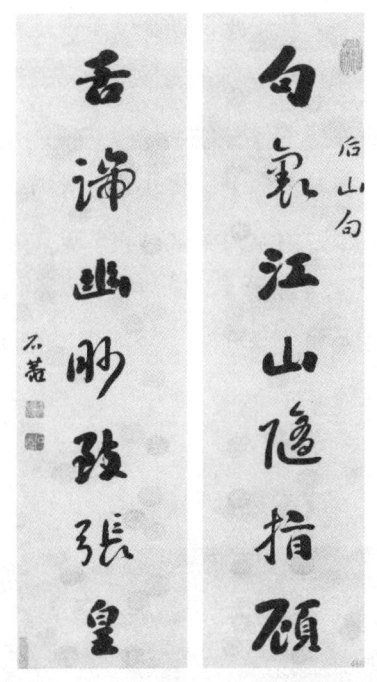

刘墉行书七言联，蜡笺93.5 cm×21.2 cm×2，安徽省博物馆藏。

◎ 陈姓·文字演变

金文	小篆	隶书	楷书		行书	草书
陳	陳	陳	陳	陈	陳	陈
齐陈曼簠 陈侯鬲	说文解字	宝子碑	虞世南	颜真卿	米芾	文徵明

【解字】　"陳（陈）"与"阵"同源，后分化。陳，金文 + + ![](東，是"車"的误写，以战车代部队），表示部队在野外布阵。有的金文省去"土" 。造字本义：部队在山林、旷野行军作战时的阵形。小篆将金文字形中的"東"写成 。隶书陳将小篆字形中的 写成"左耳旁"阝，将小篆字形中的 写成"东"東。俗体楷书陈依据草书字形将正体楷书字形中的"東"東简化成"东"东。

【溯源】　陈姓是舜帝的后裔。据记载：周武王灭纣以后，建立周朝，封舜的后人胡公满在陈（今河南淮阳）这个地方，建立了陈国。子孙有以国名为姓的，称陈氏。

【掌故】

"爱国华侨领袖"陈嘉庚

陈嘉庚（1874—1961），著名的爱国华侨领袖、企业家、教育家、慈善家、社会活动家，福建泉州同安集美社（今属厦门）人。1913年，回家乡集美先后创办了集美小学、集美中学、师范、水产、航海、商科、农林等校（统称集美学校）和厦门大学。曾被称誉为"华侨旗帜、民族光辉"。1990年3月11日，国际小行星中心和小行星命名委员会把一颗编号为2963的小行星命名为"陈嘉庚星"。

【拾艺】　　　　　陈容书画

陈容，字公储，号所翁，南宋画家。福建长乐人。其才气过人，诗文豪放；长章巨篇，杰壮奇诡（guǐ）。其身世经历坎坷，中年时中进士，后仅任莆田县主簿。《九龙图》是陈容的代表作。

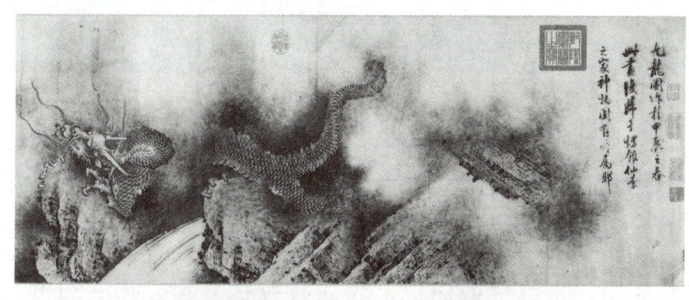

南宋画家陈容绘《九龙图》卷（部分），美国波士顿美术馆藏。

◎ 杨姓·文字演变

金文	小篆	隶书	楷书	行书	草书
楊	楊	楊	楊	楊	杨
多友鼎	说文解字	衡方碑	董美人墓志	唐寅	黄庭坚

【解字】　杨，繁体作"楊"，易，既是声旁也是形旁，是"陽"的本字，表示日照。楊，金文楊=木（木，果树）+昜（易，日照），表示喜阳果树。造字本义：名词，常绿乔木，叶子狭长，花白色或褐色，雌雄异株，喜欢湿热的"杨梅天气"，果实在初夏成熟，紫红色或白色，表面有粒状突起，味酸甜可口。小篆楊承续金文字形。隶化后楷书楊将小篆字形中的木写成木，将小篆字形中的昜写成昜。俗体楷书杨依据类推简化规则，将正体楷书的"昜"昜简写成㐅。

【溯源】　杨姓一支出自姬姓，源于周武王孙，叔虞次子晋侯之弟。晋武公（叔虞十一世孙）时，封次子伯侨于杨，称杨侯，是为杨姓得姓始祖。另有一支是由少数民族改姓而来。杨姓苗支，其祖先为蚩（chī）尤。

【掌故】　　　　　　杨震"四知"

杨震（？—124），字伯起。弘农华阴（今陕西华阴东）人，东汉时期名臣。他通晓经籍、博览群书，有"关西孔子杨伯起"之称。他做官十分廉洁，从不接受私人的请托，不拿不应该得的钱财。

杨震五十岁那年，被派往东莱（今属山东）做太守，管辖好几个县。上任的路上，他路过昌邑县，住了一晚。昌邑县县令王密，恰恰是杨震的学生。晚上，王密单独拜见杨震，看旁边没有人，悄悄从袖子里掏出十斤黄金，送给杨震。杨震却很不高兴，沉下脸来对王密说："咱们相处了这么多年，你怎么一点儿都不了解我呢？快把东西收回去！"

王密连忙说："这会儿夜深人静，您收下吧，没有人会知道的。"杨震摇摇头，说："不对，这件事天知道，地知道，你知道，我也知道，怎么说没有人知道呢！"后来，杨氏后人为了纪念杨震的清正德操，纷纷以"四知堂"作为堂号。

【拾艺】 杨士奇书法

明代杨士奇隶书《杏园雅集序》，纽约大都会博物馆藏。

释文 古之君子其闲居，未尝一日而忘天下国家也，口承禄担爵以事乎君而有自逸者乎。诗曰："夙夜匪懈，以事一人。"古之贤臣所以事其君也。今之居承明延阁者，职在文学论思，然率寅而入，酉而出，恭勤左右，犹慎歊（shà）焉。虑豪分之，或阙口取自逸者乎？固尽其分之当然也。若劳息张弛之宜，则虽古之人有所不拨焉？乃正统丁巳三月之朔，当休假南郡，杨公及予八人相与游于建安杨公之杏园，而永嘉谢君庭循来会。园有林木泉石之胜，时卉竞芳，香气芬茀（fú）。建安公喜嘉客之集也。凡所以资娱乐者悉具。客亦欣然，如释羁（jī）策濯（zhuó）清爽而游于物之外者，宾主交适，清谈不穷，觞（shāng）豆肆，陈歌咏，并作于是，谢君写而为图。嗟夫一日之乐也，情与境会，而于于冠衣之聚皆羔羊之大夫备菁莪（jīng é）之仪，洽台莱之意，又皆不忘乎卫武自警之心，可为庶几古之人者。题曰雅集不其然哉？故遂序于图之次，而诗又次焉。庐陵杨士奇序。

◎ 赵姓·文字演变

金文	小篆	隶书	楷书	行书	草书
趙	趙	趙	趙	趙	趙
战国·赵氏戈	古文字类编	桐柏庙碑	颜真卿	王羲之	孙过庭

【解字】 赵（趙），形声。从走，从肖，肖亦声。"肖"意为"变细变小"。"走"与"肖"联合起来表示"步子变小""步声变细"。造字本义：小步轻走。引申义：轻快地走。

【溯源】 赵姓出自嬴姓，嬴姓出现是因为舜帝（姚姓）赐姓给伯益（颛顼帝孙）为嬴，虽然使用嬴姓的祖先是伯益，但赵姓的得姓始祖是伯益的后裔造父。造父在周穆王时为驾车大夫，因在平定徐偃王之乱中立了大功，被周穆王封在赵城（位于今山西南部）。造父子孙就以封邑名为氏，称赵氏。

【掌故】 赵子龙"七进七出"

赵云（？—229），字子龙，常山真定（今河北正定）人。身长八尺，姿颜雄伟，三国时期蜀汉五虎上将之一。刘备逃奔江陵，于当阳长坂坡被曹操大军所追，妻儿都在乱军中失散。赵云匹马单枪闯进曹操营中，七进七出，陆续救出糜竺（mí zhú）、简雍、甘夫人等，最后寻到糜夫人，但糜夫人已身受箭伤，乃将幼子阿斗托付给赵云，自己投井

而死。赵云怀抱阿斗，夺得宝剑，奋力血战，斩杀曹营名将五十余员，终将阿斗交还刘备。后人有诗曰："血染征袍透甲红，当阳谁敢与争锋！古来冲阵扶危主，只有常山赵子龙。"

【家训】 赵氏家训选

"天水堂"赵氏宗族有"戒条四则"，其内容主要是：一诫子孙不可随众结盟，二诫子孙毋得擅卖祖山，三诫子孙不可自相残害，四诫子孙毋得窃葬祖坟。

解读　这四则戒条的内容简洁明了，概而言之就是：慎行、敬祖、和家。

【拾艺】 赵孟頫篆刻、书法

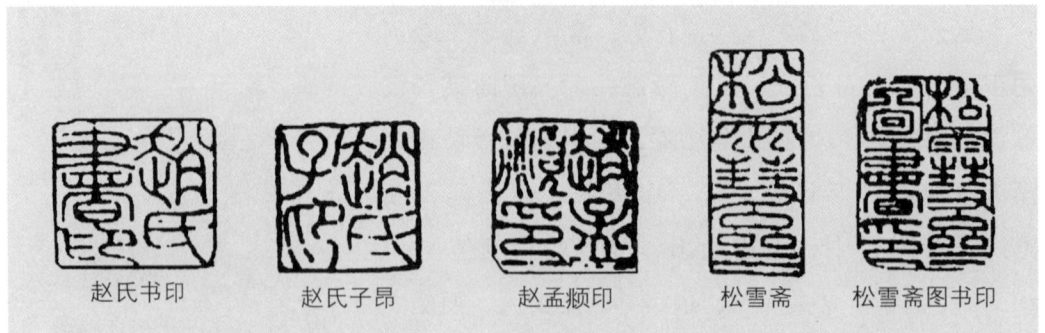

赵氏书印　　赵氏子昂　　赵孟頫印　　松雪斋　　松雪斋图书印

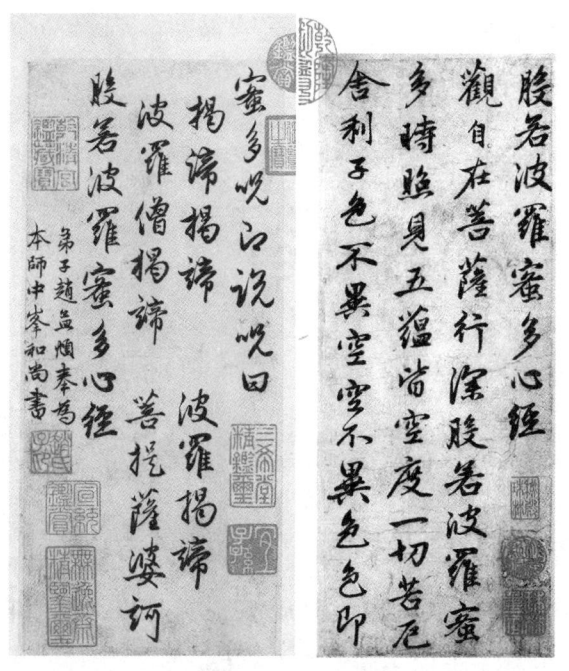

赵松雪书心经(局部),辽宁省博物馆藏。

赵孟頫代表作品《赵松雪书心经》,册页装,纸本3开。每单开纵288 cm,横108 cm。原为清张若蔼旧藏,初为手卷,入清宫后改为册页,现藏辽宁省博物馆。这册赵孟頫行书心经墨迹,是写给元代高僧中峰和尚的。运笔自如,清润流畅,自成面貌。

◎ 黄姓·文字演变

甲骨文	金文		小篆	隶书	楷书	行书	草书
商·殷墟	师俞簋	免卣	说文解字	史晨碑	赵孟頫	王羲之	黄庭坚

【解字】 "寅""黄"在甲骨文中同源，后分化。黄，甲骨文是指事字，在"矢"的字形（箭杆）上加一圈指事符号，表示箭杆穿透其中，即用来练习射箭的箭靶的靶心。古人用赤碣色的泥浆，在箭靶上涂抹出一圈赤碣色的靶心，使之醒目，便于瞄准。有的甲骨文在表示靶心的圆圈指事符号内加一横，写成"日"，强调其为射箭者的准心所指。造字本义：名词，古代箭靶上用赤碣色泥浆涂抹的醒目靶心。金文承续甲骨文字形。当表示靶心的圆圈指事符号被淡化后，有的金文在字形上端再加"口"，表示靶心。有的金文则误将"口"写成"廿"，使字形复杂化。小篆将金文字形中的"矢"形写成"火"形，导致"矢"形消失。隶书则将小篆字形中的"口"和两点构成的连写成"共头"，又将小篆字形中的箭尾形象简写成两点。

【溯源】 黄姓出自嬴姓，为伯益的后裔，大约于商末周初在今河南潢（huáng）川建立黄国。黄国被楚灭后，黄国子孙以国名为姓，称黄氏。

【掌故】 黄香温席

黄香（约68—122），字文强，江夏安陆（今湖北云梦）人。东汉时期官员、孝子，是《二十四孝》中"扇枕温衾（qīn）"故事的主人公。《三字经》中有对黄香的描写："香九龄，能温席。孝于亲，所当执"。就是说，黄香九岁时，便知事亲之理。每当夏日炎热，则扇父母之帷帐，令枕席清凉，蚊蚋（ruì）远避，以待亲之安寝；至于冬日严寒，则以身暖其亲之衾，以待亲之暖卧。于是名播京师，号曰："天下无双，江夏黄香"。

黄香侍奉父亲的故事反映出一个孩子细致、纯真的孝心，尽己所能孝敬老人，是我们学习的榜样。我们要从身边一点一滴的小事做起，孝敬父母、关心他们。要知道，他们把我们养大成人有多么辛苦。

【拾艺】　　　　　黄庭坚书法

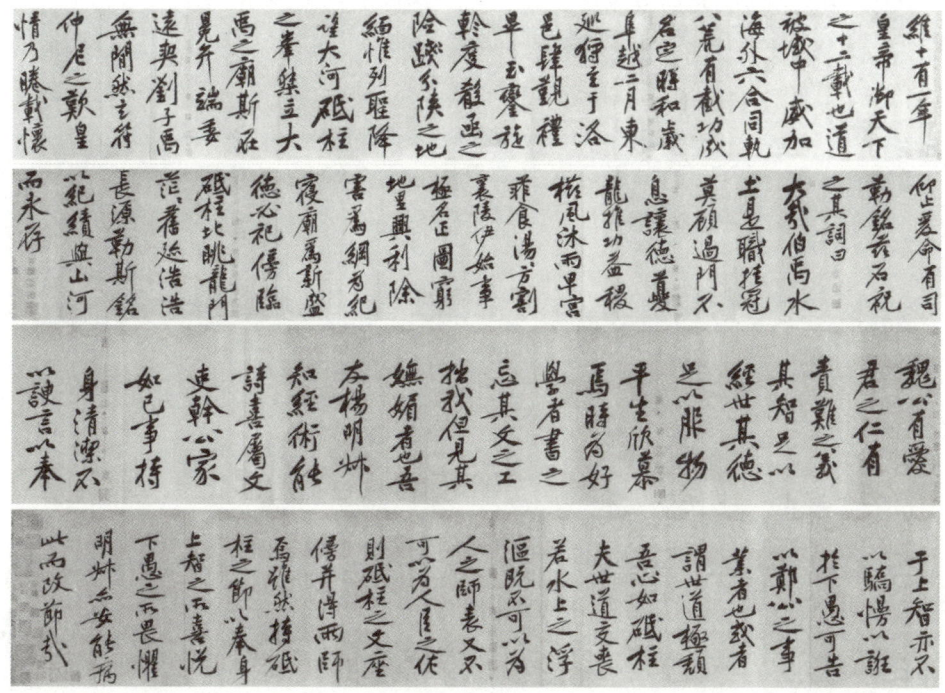

北宋书法家黄庭坚大字行楷书抄录唐代魏征（也作魏徵）《砥柱铭卷》，卷长824 cm。

释义 维十有一年,皇帝御天下之十二载也。道被域中,威加海外;六和同帆(轨),八荒有截;功成名定,时和岁阜。越二月,东巡狩至于洛邑,肆觐(jìn)礼毕,玉銮旋轸(zhěn);度崤函之险,践分陕之地;缅维列圣,降望大河;砥柱之峰桀(jié)立,大禹之庙斯在;冕弁(biàn)端委,远契刘子;禹无闲然,玄符仲尼之叹,皇情乃睠(juàn),载怀仰止。爰(yuán)命有司勒铭兹石祝之,其词曰:大哉伯禹!水土是职;挂冠莫顾,过门不息;让德夔(kuí)龙,推功益稷(jì);栉(zhì)风沐雨,卑宫菲食;汤汤方割,襄陵伊始;事极名正,图穷地里;兴利除害,为纲为纪;寝庙为新,盛德必祀;傍临砥柱,北眺龙门;茫茫旧迹,浩浩长源;勒斯铭以纪绩,与山河而永存!魏公有爱君之仁,有责难之义。其智足以经世,其德足以服物,平生欣慕焉。时为好学者书之,忘其文之工拙,我但见其妩媚者也。吾友杨明州,知经术,能诗,喜属文,吏干公家如己事。持身清洁,不以谀言以奉于上智;亦不以骄慢以诳于下愚。可告以郑公之事业者也。或者谓:世道极颓,吾心如砥柱。夫世道交丧,若水上之浮沤(ōu);既不可以为人之师表,又不可以为人臣之优则。砥柱之文座傍,并得两师焉。虽然,持砥柱之节以奉身;上智之所喜悦,下愚之所畏惧。明州亦安能病此而改节哉?

◎ 周姓·文字演变

甲骨文	金文		小篆	隶书	楷书	行书	草书
田	甹	甹	周	周	周	周	周
商·殷墟	保卣	墙盘	说文解字	郭有道碑	智永	米芾	文徵明

【解字】 周，甲骨文 田 字形像种满了庄稼 ∴ 的田园 田，表示筑埂划界，圈地而种。造字本义：封地而建、划界而种的围墙。金文 甹 加"口" 口（围），强调"圈种"的主题，甹 = 田（圈地而种）+ 口（圈围），圈围庄稼的土埂田界。有的金文 周 将 田 写成 用，省去田里的庄稼。小篆 周 将金文的"田"状 用 写成 用。

【溯源】 周姓出自姬姓。周人的始祖后稷，本来居住于邰，《诗经·大雅》中的《生民》描述的就是后稷的诞生和发展农业、建立家园的历史。后来到了古公亶父时代，迁居岐山脚下的周原地区，建立国家，其后世子孙以国名为姓。还有一支是周赧（nǎn）王姬延的后裔，以周为姓。

【掌故】　　　　　　　细柳阅兵 "亚夫营"

周亚夫（前199—前143），沛郡沛县（今江苏丰县）人，西汉时期名将，官至丞相，历仕汉文帝、汉景帝两朝，以善于治军领兵著称。周亚夫曾驻军细柳（今陕西咸阳西南渭河北），防御匈奴，营中戒备森严，军纪严明。文帝亲往劳军，因无军令而不得入，及至以天子名义下诏，周亚夫始开营门。到了军中大帐前，周亚夫一身戎装，出来迎接，手持兵器向文帝行拱手礼："介胄（zhòu）之士不拜，请陛下允许臣下以军中之礼拜见。"文帝听了，非常感动，欠身扶着车前的横木向将士们行军礼。后以"亚夫营""细柳营"比喻戒备森严的军营。

【拾艺】　　　　　　周昉绘画

　　周昉《簪（zān）花仕女图》描绘了六位衣着艳丽的贵族妇女及其侍女于春夏之交赏花游园的场景。画作不设背景，以工笔重彩绘仕女五人，女侍一人，另有小狗、白鹤及辛夷花点缀其间。全图六个人物的主次、远近安排巧妙，景物衬托少而精。两只小狗、一只白鹤、一株辛夷花使原本显得孤立的人物产生了左右呼应、前后联系的关系。半罩半露的透明织衫，使人物形象显得丰腴而华贵。而用笔和线条却细腻有神，流动多姿。浓丽的设色，头发的钩染、面部的晕色、衣着的装饰，都极尽工巧之能事，较好地表现了贵族妇女的细腻柔嫩的肌肤和丝织物的纹饰。《簪花仕女图》是唐代贵族人物画的代表。

《簪花仕女图》，粗绢本，设色，辽宁省博物馆藏。

◎ 吴姓·文字演变

甲骨文	金文	小篆	隶书	楷书	行书	草书
商·殷墟	敔驭觥	吴盘	说文解字	孔宙碑	孙秋生造像记	米芾	王羲之

【解字】 "吴"是"娱"的本字。吴，甲骨文的字形与"夭"的字形相似，像一个人倾侧着头部舞蹈。金文、为区别于"夭"，再加"口"另造"吴"代替，强调且舞且唱，制造娱乐。造字本义：且歌且舞，助兴娱乐。小篆略有变形。当"吴"的"摇头吟唱"本义消失后，再加"女"另造"娱"代替，强调女子与歌舞的关系。

【溯源】 吴姓出自姬姓，以国为氏，是黄帝的后裔。炎帝之臣吴权的氏族为第一个吴氏族。到颛顼帝时，有个叫吴回（陆终之子）的成为部落首领，称为吴氏先祖。

【掌故】 吴道子"拜师学画"

吴道子（约680—759），唐朝著名画家，阳翟（今河南禹州）人，后改名"道玄"，被后世尊称为"百代画圣"，被民间画工尊为祖师。《孔子行教图》亦出自吴道子之手。吴道子年幼家贫，外出谋生，路经河北定州城外时，在"柏林寺"结缘一位老和尚，并拜其为师。老和尚想画一幅《江海奔腾图》壁画，但是怎么都画不好。于是，老和尚带吴道子出游观察各地江河湖海，学习画水。三年过去了，吴道子画水很有长进。回寺的第二天，老和尚竟病倒在床了。吴道子说："师父，我愿替您画那幅《江海奔腾图》。"老和尚见十五六岁的吴道子，竟说出这样有志气

的话,当下就答应了。整整九个月,吴道子不出殿堂,精心构思壁画。直到深秋,吴道子才把这幅图画完,他对师父说:"师父,我已把《江海奔腾图》画出来了!请您去观看。"老和尚听后,病竟然全好了!老和尚站在殿门口,看着扑面而来的"浪花"仰天大笑,冲着吴道子说:"孩子,你画的这幅《江海奔腾图》成功啦!"

【家训】 吴征镒教授家训[①]

著名植物学家、中国科学学院院士、2007年度国家最高科学技术奖得主吴征镒教授,一辈子遵守其父母传下的"五之堂"家训。这"五之"就是《中庸》中的"博学之,审问之,慎思之,明辨之,笃行之。"吴家六兄弟中出了三个院士。《中庸》使吴家子弟高尚其志,又掌握了很好的思想方法与治学之道。吴教授从幼年起即恪守家训,成年后又把这治身治学的格言传给了后辈的科学家。

解读 这个"五之堂"家训出自《中庸》第二十章,这说的是为学的几个层次,或者说是几个递进的阶段。"博学之"意为要广泛的涉猎,真正做到"海纳百川、有容乃大";"审问之"意为有所不明就要追问到底;"慎思之"意为仔细考察,分析;"明辨之"意为学是越辨越明;"笃行之"意为既然学有所得,就要努力践行所学。做到"知行合一"。

【拾艺】 吴琚书法

吴琚的这幅《识语并焦山题名》,是拼合了《观李氏谱牒(dié)》《焦山题名》二帖而成。两帖在内容上并无关联,书写的时间也有差异。前者是吴琚在淳熙

---

① 来自郭齐家教授国学讲稿。

十三年(1186年)时,追记观唐李氏谱牒所题的跋文中,感叹谱牒应受重视的一段文字。后者则是录抄了他在绍熙二年(1191年)赴官襄阳的途中,于焦山所题写的文字。焦山位于镇江,是长江上的一座岛丘,由于景色优美,许多文人书家多曾在此留下珍贵的墨迹。

这幅书迹虽然均为小字行书,但笔画之提顿跃动感十足,顿挫有致,墨色变化丰富。字之结体也非方正,常有偏斜之态。整篇行气,虽然较米芾的书风含蓄,但通幅纵恣(zì)自如,也有一股潇洒意气。

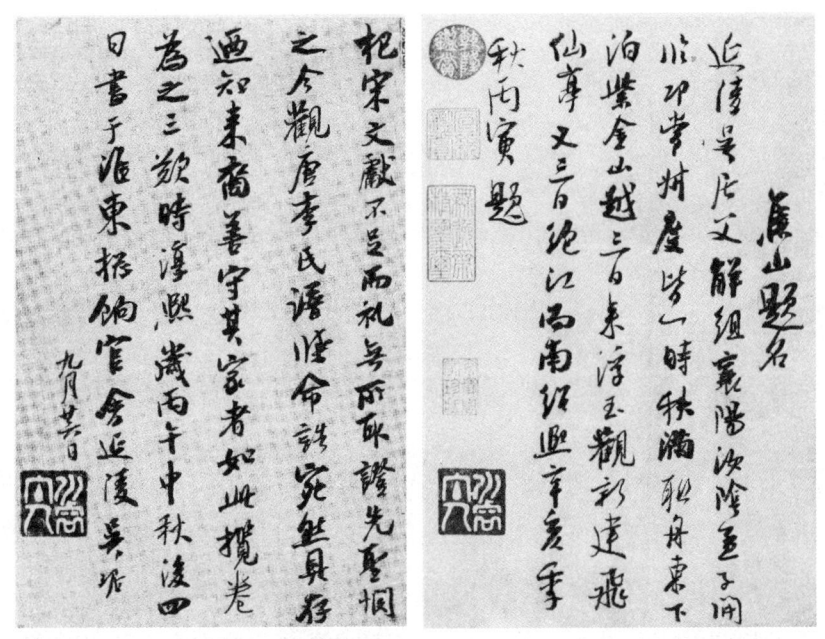

吴琚行书《识语并焦山题名》,32.8 cm×44.9 cm,台北故宫博物院藏。

释文 杞宋文献不足,而礼无所取证,先圣悯之。今观唐李氏谱牒命诰,宛然具存,迺(乃)知来裔善守其家者如此,揽卷为之三叹。时淳熙岁丙午中秋后四日。书于淮东抠饷官舍,延陵吴琚。九月廿六。

焦山题名。延陵吴居父,解组襄阳,汝阴孟子开临邛(qióng)常叔度,皆一时秩浦。联舟东下,泊紫金山。越三日,来浮玉观新建飞仙亭。又三日,绝江而南。绍熙辛亥季秋丙寅题。

◎ 徐姓·文字演变

小篆	隶书	楷书	行书	草书
徐	徐	徐	徐	徐
说文解字	孙子138	颜真卿	徐峤之	王羲之

【解字】 余，既是声旁也是形旁，表示简易建筑。徐，小篆 徐 = 彳（彳，旅行）+ 余（余，沿途简易茅店），表示旅行中歇宿茅店。造字本义：且住且行，旅程从容。

【溯源】 徐姓远祖可追溯到4000多年前的少昊金天氏。少昊氏族最早活跃在今河北盐山东南，后南迁到今山东曲阜一带，以凤凰为图腾。少昊之孙皋陶在尧舜时为掌管刑法和司法之官，皋陶之子伯益为掌管火种和驯养兽鸟之官，佐禹治水立有大功。夏王封伯益之子若木于徐，也称徐夷或徐方，故地在今江苏泗洪一带。西周时，徐偃王被周穆王联合楚王所灭，后徐国的领土归入楚国版图，徐国的子孙则以原国名为姓，是为徐姓起源。

【掌故】　　　　　"中国游圣"徐霞客

徐霞客（1587—1641），名弘祖，字振之，号霞客，南直隶江阴（今江苏江阴）人，明代地理学家、旅行家和文学家。受耕读世家的文化熏陶，徐霞客幼年好学，博览群书，尤钟情于地经图志，少年即立下了"大丈夫当朝碧海而暮苍梧"

的旅行大志。他一生志在四方,"达人所之未达,探人所之未知",所到之处,探幽寻秘,并写游记。他经30年考察撰写了60万字地理名著《徐霞客游记》。他写的游记,既是地理学上珍贵的文献,又是笔法精湛的游记文学,有人称赞它是"世间真文字,大文字,奇文字"。《徐霞客游记》首篇《游天台山日记》开篇之日(5月19日)被定为"中国旅游日"。

【家训】　　　　徐氏家训选

君子崇孝道,东海立本隆。敬天昭春润,怀仁秉公清。

廉洁恒富进,培兰新贵增。昌善修百世,家和正昆旺。

华族同祥瑞,恩泽同国平。守彦林松惠,文章贯长虹。

解读　这里所选的徐氏家训强调品德修养,阐明了君子之道、廉洁之道、修身之道。

【拾艺】　　　　徐渭书法

徐渭(1521—1593),绍兴山阴(今浙江绍兴)人。初字文清,后改字文长,号天池山人。明代文学家、书画家、军事家。

释文

西飞岁岁候青阳，花发名园何处藏。

天子郊禖（méi）呈瑞色，主人台榭有辉光。

轻翰掠雨绡初剪，小尾流风练愈长。

万里东归看易没，海天元是白云乡。

◎ 孙姓·文字演变

甲骨文	金文	小篆	隶书	楷书	行书
商·殷墟	战国玺汇	莫友芝	曹全碑	颜真卿	蔡襄

【解字】 孙，繁体作"孫"，甲骨文 = 子（子，儿子）+ 幺（幺，极小），表示比"子"更小的后代。造字本义：名词，比儿子更小的后代，即儿子的儿子。金文承续甲骨文字形。小篆误将金文字形中的"幺"写成"系"。隶化后楷书孫将小篆中的子写成子，将小篆中的系写成系。《汉字简化方案》依据草书字形，以"子小"的结构另造会义字"孙"，表示"比子小"的后代。

【溯源】 孙姓由来众多，源于姬姓、妫姓、芈姓、姚姓等，属于以先祖名字为氏。

【掌故】 　　　　　孙康映雪

晋代孙康因为家贫没钱买灯油，晚上不能看书，他觉得这样白白地浪费光阴，非常可惜。一天外面下起了很大的雪，半夜梦醒，见一丝亮光从窗缝里钻进来，原来是月光下大雪映出来的，他起身对着亮光看起书来。经过夜夜刻苦努力的学习，孙康终于成为饱学之士。后人便用"孙康映雪"形容读书非常刻苦。

【家训】　　　　　　孙氏家训选

明宗法，立宗长，修宗谱，重丧祭，谨坟墓，供子道，励臣职，笃友爱，宜家室，端蒙养，来教训，序尊卑，敬师长，择交友，定生理，重婚姻，别内外，明善恶，禁争讼，睦宗族，和乡邻，恤孤寒，严举行。

解读　孙氏家训明确了对宗族的态度，对祖先的态度，对朋友的态度，对家人的态度，对婚姻的态度；对乡邻的态度。

【拾艺】　　　　　　孙过庭书法

《书谱》真迹流传有绪，原藏宋内府，钤（qián）有"宣和""政和"。宋徽宗题签。后归孙承泽，又归安岐（qí），后归清内府，现藏台湾，俗称真迹本《书谱》。有影印本出版。《书谱》是中国书学史上一篇划时代的书法论著，提出"古不乖时，今不同弊"的书法观，为书法美学理论奠定了基础。

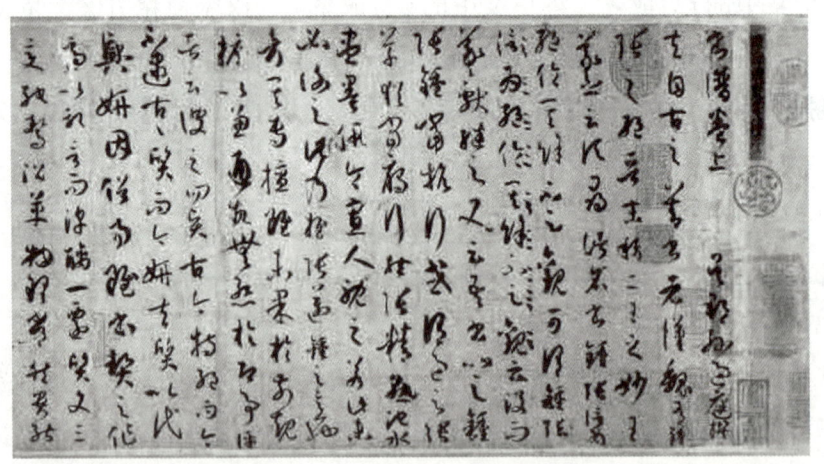

孙过庭草书真迹书法长卷《书谱卷》墨迹本，纵26.5 cm，横900.8 cm，现藏台湾。

◎ 胡姓·文字演变

金文	小篆	隶书	楷书	行书	草书
古玺	说文解字	钱永	颜真卿	米芾	孙过庭

【解字】 古，既是声旁也是形旁，拟声词"咕"的省略。胡，金文=古（古，即"咕咕"响）+肉（肉，代表喉咙），造字本义：动物从喉咙里发出含混的声音。小篆 胡 将金文的上下结构改成左右结构。

【溯源】 胡姓源自妫姓。先祖胡公满本姓妫，名满，是舜帝的后裔。胡公乃是他在西周所得的谥（shì）号，公当为爵位，而妫是舜所得之姓。胡公满后裔有以其谥号为姓者，为胡氏。

【掌故】　　　　胡三省注《通鉴》

胡三省（1230—1302），字身之，又字景参，号梅涧，台州宁海人，宋元之际史学家。胡三省自幼好学，受父亲影响，功课之余攻读《通鉴》。其父有感于《通鉴》各家注本虽富，但于音义、释文等乖谬甚多，又见胡三省天资聪慧，好学不倦，遂有期托勘（kān）误《资治通鉴》之嘱。胡三省十五岁时，父死，家境艰难，但胡三省牢记先父遗愿，益加勤奋。所著《资治通鉴音注》，历时长达二十多年，过程曲折艰辛，其贡献包含"音注""训诂""拾遗""辨误""布道"五个方面，订谬甚多，成为后人研读《资治通鉴》的宝贵工具。

【家训】　　　　胡氏家训选

一、团结宗族，捍卫国家，不容有违背涣散之行为；
二、服从祖训，端本孝悌，不容有悖伦蔑礼之行为；
三、保护祠产，维持公益，不容有侵蚀欺诈之行为；
四、崇尚道德，遵守法令，不容有作奸犯科之行为；
五、注意教养，勤求职业，不容有放弃贻误之行为；
六、禁食鸦片，严戒嫖赌，不容有伤风败俗之行为；
七、律己治家，忠信笃敬，不容有卑劣偷惰之行为；
八、刻苦耐劳，节俭朴实，不容有奢侈游荡之行为；
九、合敬同爱，排难解纷，不容有歧视推诿之行为；
十、振作精神，见义勇为，不容有废弛敷衍之行为。

解读　胡氏家风有别于其他的显著特点在于：一曰崇学，二曰尚公。

【拾艺】

胡适书法

胡适（1891—1962），安徽绩溪人。著名学者、诗人，历史学有、文学家、哲学家。

胡适书法作品：
不畏浮云遮望眼，自缘身在最高层。

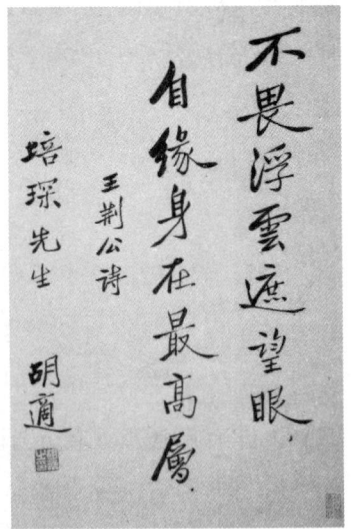

◎ 朱姓·文字演变

甲骨文	金文	小篆	隶书	楷书	行书	草书
商·殷墟	毛公鼎	说文解字	衡方碑	孙秋生造像记	王宠	杨维桢

【解字】 "朱"是"株"的本字。朱，甲骨文在树干（木）中间加一圆点指事符号，表示树木的主干位置所在。有的甲骨文将圆点写成短横。造字本义：树木的主干。金文、小篆承续甲骨文字形。隶书有所变形，小篆字形中的树枝形象消失。当"朱"的"树干"本义消失后，小篆再加"木"另造"株"代替。由于"朱"与"株"通用，古人为了将形容词的"朱"区别于名词的"株"，加"石"（丹砂）另造会义兼形声的"硃"，表示与丹砂相同的颜色。

【溯源】 朱姓是古帝颛顼高阳氏之后。古帝颛顼的玄孙陆终有六个儿子，第五子名安。周武王灭商后，封安的后裔曹挟在邾（今山东邹城一带），建立邾国，附庸于鲁国。战国中叶，邾国为楚所灭，邾国贵族以国为氏，就是邾氏，后又去邑为朱姓。

【掌故】 朱云折槛（jiàn）

朱云，字游，鲁（今山东）人。朱云年少时轻财好侠义，到四十多岁才拜师读书，官拜槐里令。汉成帝时，丞相安昌侯张禹担任帝师，地位显赫。一次，朱云上书求见成帝，当着诸大臣的面，对成帝说："现在朝廷内有一位大臣，上不能正主，下无以利民，占着高位不干事，光拿俸禄不谋其政，如果不把这种人除掉，国家就不知道会发生什么事，臣请陛下赐尚方宝剑，杀此奸臣，以激励其他官员。"成帝问这人是谁？朱云说是安昌侯张禹。成帝大怒曰："小臣居下毁谤上官，公然在朝廷辱骂帝师，罪在不赦！"御史奉命推朱云下殿，欲斩之。朱云死死抓住御殿栏槛不放，栏槛被折断。朱云在殿上大声疾呼："臣在九泉之下与龙逄（páng）、比干做伴足矣，臣死不足惜，但未知朝廷该怎么办！陛下将蒙受杀直谏大臣的恶名！"左将军辛庆忌摘掉自己的官帽，解下官印和绶带，叩头求情说："朱云性情狂直，早已尽人皆知，陛下对他不可太认真，假如他说得有点道理，不能杀；说得不对，也应该宽恕他。臣愿以死相保，请求免他一死。"成帝怒气稍解，赦免了朱云。被折断的栏槛原样修复，不让换新的，以表彰忠臣冒死直谏的精神。事后，朱云虽免遭杀身之祸，但意见未被采纳，张禹继续做帝师。朱云在家闲居，活了七十多岁。后以"朱云节""朱云折槛"称颂臣子敢言直谏，具有非凡的气节。

【家训】　　　　　朱子治家格言

《朱柏庐治家格言》又名《朱子治家格言》《朱子家训》，是以家庭道德为主的启蒙教材。全文仅524字，精辟地阐明了修身治家之道，是一篇家教名著。其中，许多内容体现了中华传统美德，比如尊敬师长、勤俭持家、邻里和睦等，在今天仍然有现实意义。

《朱子治家格言》节选

一粥一饭，当思来处不易；半丝半缕，恒念物力维艰。

宜未雨而绸缪，毋临渴而掘井。

自奉必须俭约，宴客切勿流连。

居身务期质朴，教子要有义方。

嫁女择佳婿，毋索重聘；娶媳求淑女，勿计厚奁（lián）。

见富贵而生谄容者，最可耻；遇贫穷而作骄态者，贱莫甚。

凡事当留余地，得意不宜再往。

人有喜庆，不可生妒忌心；人有祸患，不可生喜幸心。

善欲人见，不是真善；恶恐人知，便是大恶。

读书志在圣贤，非徒科第；为官心存君国，岂计身家。

解读 对于一顿粥或一顿饭,我们应当想着来之不易;对于衣服的半根丝或半条线,我们也要常念着这些物资的产生是很艰难的。

凡事先要准备,天没下雨的时候,要先把房屋修好,不要到了口渴的时候,才来掘井。

自己生活上必须节约,宴请客人时也不要铺张浪费,接连不断。自己生活节俭,以做人的正道来教育子孙。

嫁女儿,要为她选择贤良的夫婿,不要索取贵重的聘礼;娶媳妇,须求贤淑的女子,不要贪图丰厚的嫁妆。

看到富贵的人,便做出巴结讨好的样子,是最可耻的;遇着贫穷的人,便做出骄傲的态度,是最鄙贱的。

无论做什么事,当留有余地;得意以后,就要知足,不应该再进一步。

他人有了喜庆的事情,不可有妒忌之心;他人有了祸患,不可有幸灾乐祸之心。

做了好事,而想让他人看见,就不是真正的善人。做了坏事,而怕他人知道,就是真的恶人。

读圣贤书,目的在学圣贤的行为,不只为了科举及第;做一个官吏,要有忠君爱国的思想,怎么可以考虑自己和家人的享受?

【拾艺】　　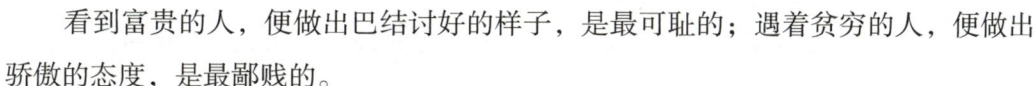

朱熹(1130—1200),字元晦,号晦庵,徽州婺源(今属江西)人,生于南剑州尤溪(今福建尤溪)。绍兴十八年(1148)进士,人称考亭先生。他所著的《四书章句集注》,阐述儒家学说,成为南宋的官学与士子科举必读的书,影响了近八百年来的中国思想。这里所选内容节录自《易经》,是朱熹存世仅见的大字墨迹,经元明两代藏家之手,于清乾隆时期入宫,著录于《石渠宝笈·初编》,为流传有绪之作品。每行仅书写二字,结体上重下轻,笔势深沉而迅速,大有快剑斫(zhuó)阵之势,字字筋骨突出,强健有力,笔画墨色黝(yǒu)黑,时而又现飞白,显得格外神采奕奕,为古代传世大字书法中之佳作。

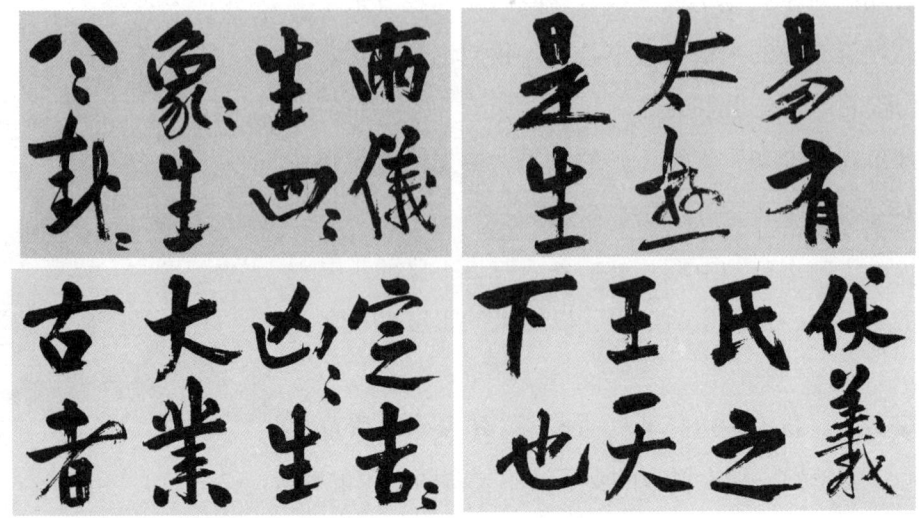

宋代朱熹书法，纸本，尺寸均36.5 cm×61.8 cm，十四开，台北故宫博物院藏。

◎ 高姓·文字演变

甲骨文	金文	小篆	隶书	楷书	行书	草书
斋	高	髙	高	高	高	高
商·殷墟	秦公簋	说文解字	白石神君碑	解伯都造像	欧阳询	怀素

【解字】 "高""京""亭"的甲骨文与金文字形相近，疑为同源。高，甲骨文字形像拔地而起、带塔楼的多层楼台，用于瞭望预警。造字本义：瞭望预警的多层楼台。金文承续甲骨文字形。小篆略有变形。

【溯源】 高姓一支出自姜姓，源于西周时期齐文公吕赤之子公子高。姜姓原是炎帝后裔，得姓始祖为高一；相传颛顼帝高阳氏和帝喾（kù）高辛氏之后裔中也有高姓。

【掌故】 "唐代边塞诗人"高适

高适（704—765），字达夫，一字仲武，渤海蓨（今河北景县）人，唐代大臣、诗人。作为著名边塞诗人，高适与岑（cén）参合称"高岑"，与岑参、王昌龄、王之涣合称"边塞四诗人"。其诗笔力雄健，气势奔放，洋溢着盛唐时期所特有的奋发进取、蓬勃向上的时代精神。高适常以"古之大将军"自诩（xǔ），可见胸中豪

气千钩。他纵酒驰猎，狂狷（juàn）之处不亚李白，其所作名篇《别董大》足以见其风采：千里黄云白日曛，北风吹雁雪纷纷。莫愁前路无知己，天下谁人不识君。

【家训】

高氏家训选

吾人生于天地之间，只思量做得一个人，是第一义，余事都没要紧。

做好人，眼前觉得不便宜，总算来是大便宜。做不好人，眼前觉得便宜，总算来是大不便宜。千古以来，成败昭然，如何迷人尚不觉悟？

临事让人一步，自有余地；临财放宽一分，自有余味。

善须是积，今日积，明日积，积小便大。一念之差，一言之差，一事之差，有因而丧身亡家者，岂不可畏也！

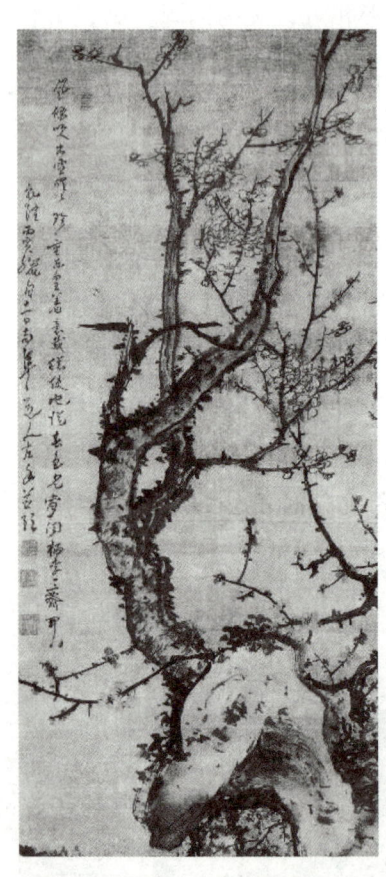

《梅石图》轴绢，120 cm×47 cm。

解读　以上内容出自《高子遗书·家训》，作者是明代人高攀龙，他用浅显的道理阐明了做人做事的"处世哲学"。高攀龙（1562—1626），字存之，又字云从，江苏无锡人，世称"景逸先生"。明朝政治家、思想家，东林党领袖，"东林八君子"之一。《高子遗书·家训》言简意赅，影响较大。

【拾艺】

高凤翰《梅石图》赏析

高凤翰，字西园，号南村，晚号南阜。诗、书、画、印皆善，尤以绘画闻名，主工花卉与山水。清代画家凌霞在《天隐堂集》中将高凤翰列为"扬州八怪"之一，与金农、郑板桥等同列。

◎ 林姓·文字演变

甲骨文	金文	小篆	隶书	楷书	行书	草书
ㄨㄨ	林	牀	林	林	林	林
商·殷墟	同簋	说文解字	张迁碑	张猛龙碑	王羲之	赵构

【解字】 林，甲骨文ㄨㄨ像两（多）棵树ㄨ并排。造字本义：丛生的竹木。金文林、小篆牀承续甲骨文字形。隶书林将小篆的ㄨ写成木。"林"是会义字，甲骨文ㄨㄨ像树连树的样子。

【溯源】 林姓出自子姓，相传由商朝末期的比干而来。比干在商纣王时担任少师之职，忠正敢言。纣王昏庸无道，杀害比干。夫人陈氏为躲官兵追杀，逃难于长林石室，生子名坚，因生于林而被周武王赐以林姓，史称林坚，被林姓人尊为始祖。

【掌故】 幽默的林语堂

林语堂（1895—1976），原名和乐，后改为玉堂，又改为语堂，福建龙溪（今福建漳州）人，是中国近现代著名作家、学者、翻译家、语言学家。林语堂被称为幽默大师，他谈吐诙谐，热衷幽默。他的幽默，并不是单纯的搞笑，而是从中折射出机敏与睿智，体现了他深厚的文学修养和深刻的哲思。一次，林语堂应邀参加一所学校的毕业典礼，在他前面有不少人做演讲，都讲得冗

长乏味。轮到他演讲时，时间已经过了正午，学生们已经开始不耐烦了。林语堂走上讲台，开口就说："绅士的演讲，应当像女孩子穿的裙子一样，愈短愈好。"此言一出，全场哄堂大笑，听众们精神为之一振，紧紧抓住了听众的心理。

【家训】 　　　　　　　林则徐《十无益格言》

清代林则徐巡视澳门，在前山写了传家之训《十无益格言》。这是林公的修身做人准则，也是他以德存世的范本。内容是："存心不善，风水无益；不孝父母，奉神无益；兄弟不和，交友无益；行止不端，读书无益；心高气傲，博学无益；作事乖张，聪明无益；不惜元气，服药无益；时运不通，妄求无益；妄取人财，布施无益；淫恶肆欲，阴骘（zhì）无益。"

解读　《十无益格言》内容广泛，人的自身修养，人与家庭、与社会的关系，儒家思想的"仁、义、礼、智、忠、信、孝、悌"八字方针都在里面，对人的身心起全面的教化作用。"十无益"涉及修身、齐家、治国、平天下，体现了中华优秀传统文化的精髓。

【拾艺】　　　　　林逋书法

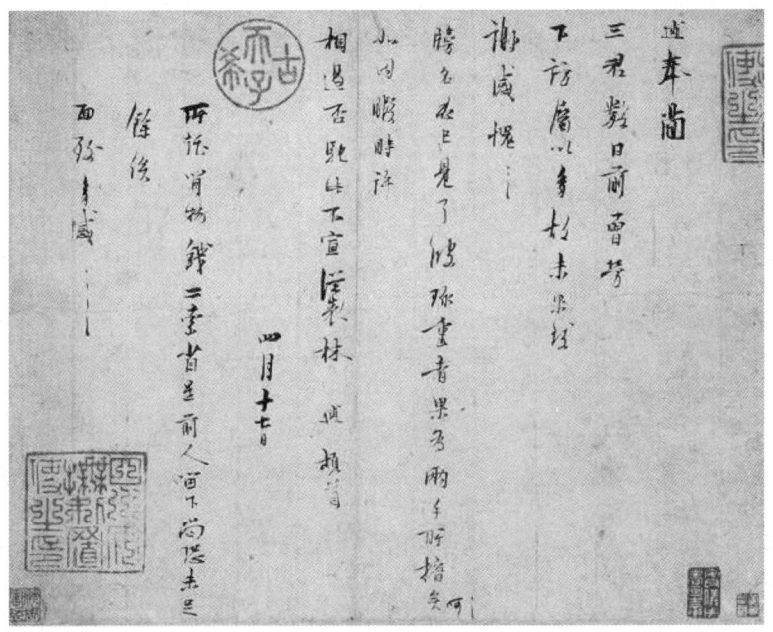

三君帖，手札，册，纸，行书，31.5 cm×38.2 cm，台北故宫博物院藏。

林逋（bū）喜欢作诗，也善写行书。在这件信札里，我们可以看到，他的字结体昂挺，笔画线条细瘦，所以许多人形容他的字"有骨少肉"。而这件书法的字距、行距宽绰，字与字间多细笔游丝，起笔、收笔处多露尖削，转折方硬等，因此他的字往往给人以"清劲"之感。

历代论书法，多有"字如其人"的说法。林逋终隐山林，因此有人认为他的字脱却了尘俗的习气。也有许多人认为，他的字犹如他笔底下的梅花："疏影横斜水清浅，暗香浮动月黄昏"，幽淡而雅致，耐人品酌。

◎ 何姓·文字演变

甲骨文	金文	小篆	隶书	楷书	行书	草书
商·殷墟	何簋	十六年戟鼎	说文解字	马王堆帛书	孟敬训墓	米芾	陈伯智

【解字】 何，甲骨文（伸手的人）+（戈戟），表示士卒肩扛戈戟。有的甲骨文加"口"（即"呵"的省略，呵斥），表示守关士卒手持戈戟，盘问路人。造字本义：动词，守关的士卒肩扛戈戟，盘问过往行人。金文将甲骨文字形中的"口"（呵）与"戈"构成的，合写成"可"，至此"何"的"戈"形消失，"武气"不再。小篆何承续金文字形。

【溯源】 何出于姬姓。三家分晋后，韩康子建立了韩国，到韩王安时被秦所灭。为绝后患，有一队秦吏搜捕到一个叫作东乡津（在安徽庐江）的地方，碰到了韩王安的儿子韩瑊（jiān），盘问韩瑊的名字。韩瑊不敢说出自己的名字，就指着冰凉的河水说："姓此。"他的意思是说："我的姓与'寒'同音。"但是秦吏误会了，以为是姓"河"。后来，韩瑊知道了原委，非常后怕，说："我们保住了命，全凭这'河'呀！"于是，就把原来的韩姓改成"何"姓。

【掌故】　　　　　何休论"三科九旨"

何休（129—182），即何子，字邵公，任城樊（今山东济宁）人，东汉时期今文经学家，儒学大师。何休为人质朴多智，精研六经；口讷，不善讲说，门徒有问者，则用书面作答。何休作为一个大学问家，精研古今经典，前后花费了整整17

年的功夫，以极大的忍耐力和自信心写成了《春秋公羊解诂》，并仿古代《春秋》五十凡例，为公羊《春秋》制定了凡例。

何休提出了"三科九旨"理论，作为诠释《公羊传》的根本法则。其意为"三个科段之内，有九种旨意"。何氏作《文谥例》指出："三科九旨者，新周、故宋，以《春秋》当新王"，此一科三旨也；又云"所见异辞，所闻异辞，所传闻异辞"，二科六旨也；又"内其国而外诸夏，内诸夏而外夷狄"，是三科九旨也。依据这些凡例，公羊《春秋》才成为有条理的一种经学理论，并达到古为今用的目的。从这个意义上说，何休是继董仲舒以后，成就最高的公羊《春秋》学者，而且，他也是今文经学的集大成者。

【家训】　　　　　何氏家训选

孝亲敬长之规

——今之人以能养为孝者何？盖缘不顾父母而私妻子，倒行逆施者众，彼善于此，故与之耳。殊不知孝之道，岂养之一事所能尽哉？要有深爱婉容，而承颜顺志，尊敬谨畏，而唯命是从。稍有斯须欺慢违忤（wǔ），或伤教败礼，取辱贻忧，虽日用三牲之养，犹为不孝也。蓝田吕氏曰："孝莫大乎顺亲？"司马温公曰："吾事亲无以逾于人，能不欺而已矣。"其事君亦然。

——人家子弟，有父母兄长慈爱，又得教以诗书，授以生业，而能显亲扬名，以尽孝敬之道者，乃常分耳。乌足言要在困苦艰难、流离颠沛之际，竭力尽心，周全委曲，消患弥变，特力独行，而不失其度者，方为孝敬。

隆师亲友之规

——凡家素清约，自奉宜薄，然待师友，则不当薄也。切不可因己无成而不教子，又不可以家事匮乏而不从师。务要益加勉励，则所闻者尧舜周孔之道，所见者忠信敬让之行，渐摩既久，身日进于仁义而不知也。若为利欲所蔽，违弃师友，则与不善人处，所闻所见，无非欺诳作伪，汗漫邪淫之事，身日陷于刑戮而亦不自知也。言之痛心，各宜自省。

——君子以文会友，以友辅仁。必须趣向正当，切磋琢磨，有益于己者，始可日相亲与。若乃邪僻（pì）卑污，与夫柔佞（nìng）不情，拍肩执袂（mèi），相诱为非者，慎勿与之交接。

——学问之功，与贤于己者处，常自以为不足，则日益；与不如己者处，常自以为有馀，则日损故取友不可以不谨也。惟谦虚者能得之。

……

解读 这里所选的《何氏家训》分孝亲敬长之规、隆师亲友之规、待人接物之规、鞠育教养之规、读书写字之规、出处进退之规、节义勤俭之规、饮食服御之规、量度权衡之规、撑持门户之规、保守身家之规十一类，其下或又分为数条，包括了中国传统家训的基本内容。

【拾艺】　　　　何绍基书法

释文 留得铭词篆山石，相于仙侣集江亭。海琴世仁兄构篆石亭成，集焦山鹤铭字为联。壬戌晚春宴余于此，属为书之即正，蝯叟何绍基。

何绍基的书法成就很高。他的各体书法熔铸古人，自成一家，而草书尤为擅长。何绍基的楷书取颜字结体的宽博而无疏阔之气，同时还掺入了北朝碑刻以及欧阳询、欧阳通书法险峻茂密的特点，还有《张黑女墓志》和《道因碑》的神气，从而使他的书法不同凡响。何绍基的小楷继承晋代书法传统，笔意含蕴，行草书融篆、隶于一炉，骏发雄强，独具面貌。他的篆书，中锋用笔，并能掺入隶笔，而带行草笔势，自成一格。

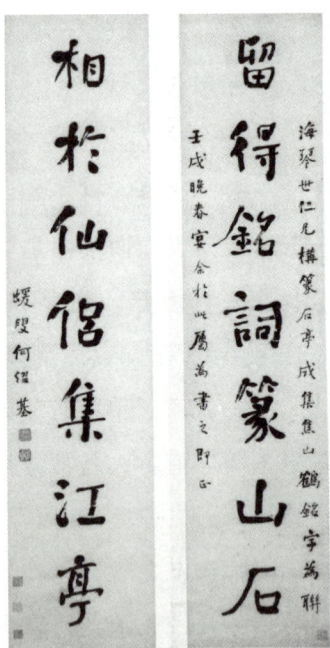

◎ 郭姓·文字演变

甲骨文	金文	小篆	隶书	楷书	行书	草书
商·殷墟	井侯簋	说文解字	西陲简	张猛龙碑	赵孟頫	黄道周

【解字】 亯，是"郭"和"廓"的本字。亯，甲骨文是象形字，像是建在城邑□四周外围的护城塔楼。有的甲骨文省去东西方向的塔楼，简化字形。金文承续甲骨文字形。籀（zhòu）文将金文字形中的"囗"（城区）写成"回"，将金文字形中北向的塔楼写成，将金文字形中南向的塔楼写成。当"亯"作为单纯的字件后，小篆再加"邑"另造"郭"代替，强调其"保护城邑"的含义。造字本义：名词，城邑外围护墙上的守备塔楼。隶书将小篆的亯写成享，将"邑"写成"双耳旁"阝。当"郭"的"轮廓"义消失后，小篆再加"广"另造"廓"代替。

【溯源】 郭姓源自任姓，黄帝后裔禺虢（yú guó）受封于任（今山东济宁）。禺虢的后裔建立了虢国，亦称郭国，后亡国，子孙遂以国名为氏。一说出自姬姓，周武王封其叔虢仲于西虢（"虢"通"郭"），后裔以郭为氏。

【掌故】 李郭同舟

"李郭同舟"出自《后汉书》卷六十八《郭太传》。

太原界休人郭太，字林宗，出身贫寒，但积极好学，到处游学。郭太到洛阳游学，见到河南尹李膺（yīng）。李膺十分喜欢与郭太交往，一时传为佳话。后来郭太要回家,京师很多学者来送行,郭太只与李膺乘船而行,送行的人说他们像一对神仙。后遂以"李郭同舟"等比喻知己相处,不分贵贱,亲密无间。

【拾艺】　　　　　　　郭子仪书法

唐朝是个诗文书画空前繁荣的时代。立国之初,得益于李世民等历代帝王相继力倡书法并率先垂范,全国上下从文臣武将到庶民百姓,习书作字蔚成风气。这一特定氛围,造就了一大批书法家。汾阳王郭子仪即是这一庞大群体中的成就卓然者。大多数人只把郭子仪看作一位忠贯日月、单骑退敌的英雄虎将,殊不知他的书法也颇有一番气势和韵味。

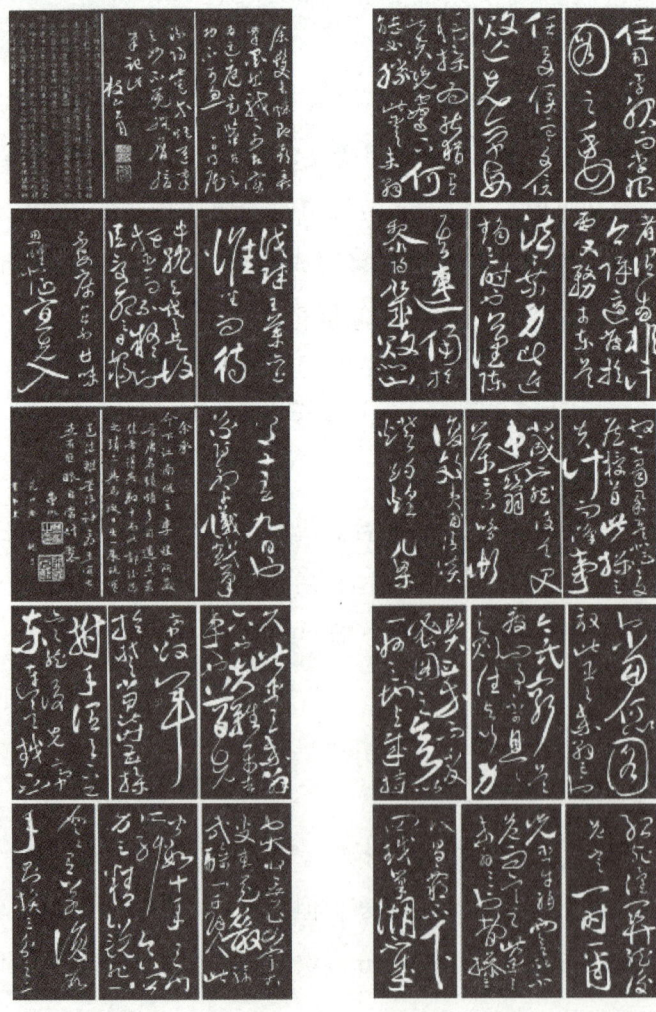

◎ 马姓·文字演变

甲骨文	金文	小篆	隶书	楷书	行书	草书
商·殷墟	商·殷墟	说文解字	古地图	颜真卿	颜真卿	张照	武则天

【解字】 马，繁体作"馬"，甲骨文是长脸、大眼、鬃毛飞扬、长尾有蹄的动物形象。有的甲骨文用大眼借代口、眼、耳构成的头部。金文简化字形，将甲骨文字形中的大眼与鬃毛的形象写成，将足与尾的形象写成。小篆承续金文字形。籀文将甲骨文的马头、马足变形成，同时强调马鬃形象。造字本义：善跑的力畜。隶书将小篆字形中侧视的两只马蹄与马尾写成"四点底"加折笔的。俗体楷书 马 利用草书字形将正体楷书 馬 的"四点底"简化成一横。

【溯源】 汉族马姓出自嬴姓，伯益之后，战国时赵国名将赵奢封马服君，其子孙以马为姓。另外少数民族如满族、回族中也有马姓。

【掌故】　　　　元代著名戏剧家马致远

马致远（约1251—1324），字千里，晚号东篱，元代大都（今北京）人，著名戏曲家、杂剧家，有"马神仙""曲状元"之称，与关汉卿、郑光祖、白朴并称"元曲四大家"。他的代表作《天净沙·秋思》，全曲仅二十八个字："枯藤老树昏鸦，小桥流水人家，古道西风瘦马，夕阳西下，断肠人在天涯"。作者把十种平淡无奇的客观景物，巧妙地连缀（zhuì）起来，通过枯、老、昏、古、西、瘦六个字，将无限愁思自然地寓于图景中，意蕴深远，结构精巧，顿挫有致，被后人誉为"秋思之祖"。马致远年少时非常好学上进，为马氏后人所津津乐道，他们不时以此来激励自己的子孙后代向其看齐。

【家训】　　　　马氏家训选

1. 战争不是儿戏，纸上谈兵误国。

2. 莫议人过，莫讥朝政；谦约节俗，廉公有威；忧人之忧，乐人之乐；学错榜样，画虎类犬；谆谆教诲，牢记莫忘。

3. 修身宜静，出言宜慎；持家宜勤，处事宜和。念此誓言、朝夕乾乾；子孙有志，尚法圣贤。明书院壁，恪守万年。

4. 女主内，男主外，老幼有序。家长对家人要严格要求，不失法度。全家人都要诚信庄重，各尽其责，各尽其道、和睦相处。

5. 黄金非宝书为宝，万事皆空善不空。

6. 厚基、博学、知耻、济困。自爱自信自立自强，立德立志立功立言。学业事业后家业，小家大家先国家。

7. 留有余不尽之巧以还造化，留有余不尽之禄以还朝廷，留有余不尽之财以还百姓，留有余不尽之福以还子孙。

解读　马氏家训的特色在于：尚武，尚廉，尚勤，尚俭；强调凡事要"留余"。

【拾艺】　　　　马愈书法

马愈，字抑之，号华发仙人，人号马清痴，嘉定（今属上海）人。其父马轼曾以占候服务于军中，又是著名的院体画家。马愈于明英宗天顺八年（1464年）中甲申科进士，后来官至刑部主事。马愈能诗，善书，工山水，登逸品，以诗文书画与江南士有广泛交游，著有《马氏日抄》。

《暑气帖》是马愈邀请朋友医相先生来访叙旧的书信。因系友人间来往信札，书写时随意性很大，行笔纵横不羁，体势开张而不求工致。其书体瘦劲奔放，气息朗畅。陈其锟点评称："此书骨力排奡（ào），纵宕（dàng）不羁（jī）。"

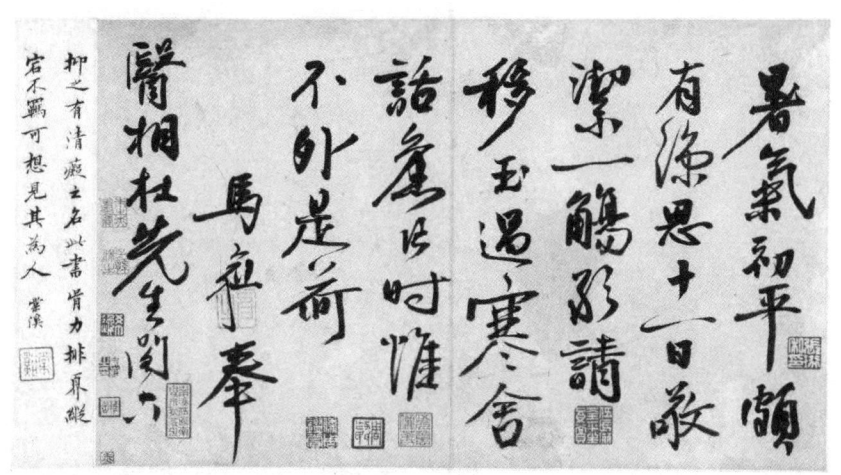

明代马愈行书信札《暑气帖》，纵23.27 cm，横38 cm。北京故宫博物院藏。

释义 暑气初平，颇有凉思。十一日敬洁一觞，敢请移玉过寒舍话旧片时，惟不外是荷。马愈奉医相杜先生阁下。

◎ 罗姓·文字演变

甲骨文	金文	小篆	隶书	楷书		行书		草书
商·殷墟	古玺	说文解字	武威简	王羲之	颜真卿	毕泷	敬世江	孙过庭

【解字】 罗，繁体作"羅"，甲骨文 ＝ 网（网，捕鸟的罩具）+ 隹（隹），表示小鸟被罩在网罩里。金文加"系"，表示用猎人手中的牵绳控制网罩的开合。造字本义：用网罩捕鸟。小篆承续金文字形。隶书将小篆字形中的"网"写成"四"，使造字线索不明。俗体楷书将甲骨文字形中的"隹"简化成"夕"。古人称捕鱼罩为"网"，称捕鸟罩为"罗"。

【溯源】 罗姓出自妘姓，为颛顼之孙祝融氏之后裔。到周朝时，有子孙被封在宜城（今湖北襄阳宜城），称为罗国，后世子孙以国名为氏，称罗氏。另外，北魏破多罗氏和叱（chì）罗氏、唐代突厥可汗斛（hú）瑟罗的后人及清代皇族爱新觉罗氏中都有人改姓罗氏。

【掌故】 "中国章回小说先行者"罗贯中

罗贯中（约1330—1400），名本，字贯中，号湖海散人，元末明初小说家，《三国演义》的作者。一说他是山东东原（今山东东平）人；一说山西并州太原府（今山西太原）人。罗贯中是中国文学史上有特殊贡献的作家。其作品除《三国演义》外，相传还有《隋唐志传》《残唐五代史演义传》和《三遂平妖传》等著作。他开创了我国章回体小说、"历史演义"类小说的新时代。正因如此，罗贯中被誉为中国古典长篇章回体小说的"鼻祖"。罗贯中最善于写战争,《三国演义》中的上百场战争都写得各具特色,无一重复。赤壁之战写得尤其精彩。罗贯中最突出的成就,就是塑造出了光芒四射的典型人物,情节曲折而新奇,语言生动形象,深受读者喜爱。

【家训】　　　　罗氏家训选

（一）奉祖先：物本乎天,人本乎祖。如木有根,无根则朽。如水有源,无源不久。尊祖之道,旧章恪守。竖表立碑,修茔（yíng）覆土。祠堂享祀,趋跄奔走。言念先人,光前裕后。

（二）孝父母：羊能跪乳,乌能反哺。唯人最灵,谁无父母?生我劬（qú）劳,提携捧抚。冈极恩深,捐躯难补。朝夕温恭,殷勤寒暑。抚养无亏,承欢安慰。安敢拂违,自罹（lí）罪罟（gǔ）。

（三）睦兄弟：关怀兄弟,同气连枝。如手如足,痛痒关之。骨肉天性,安忍乖离?弟恭兄友,雁行依依。患难相顾,疾病扶持。毋生嫌隙,雅奏埙篪（chí）。旨哉圣训,兄弟怡怡。

解读　罗氏家训立足于家庭家族建设,特别强调"奉祖先,孝父母,睦兄弟",以此筑牢人生和事业的根基。

【拾艺】　　罗牧书法

罗牧,明末清初著名书画家,江西宁都人,工诗文、书画,笔法多变,水墨清润淋漓,画风深沉粗犷,是"江西画派"的创始者,被誉为"江西画派英才"。

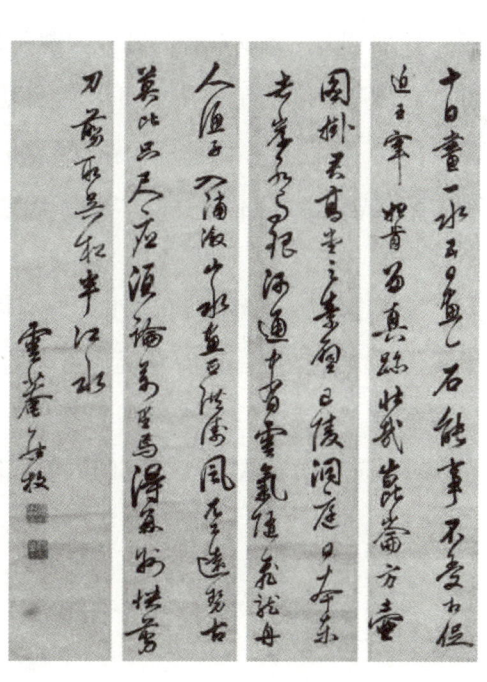

◎ 苏姓·文字演变

金文		小篆	隶书	楷书		行书	草书
穌公簠	宽儿鼎	说文解字	楼兰简	欧阳询	颜真卿	苏轼	王羲之

【解字】 苏，繁体作"蘇"。"穌"是"蘇"的本字。木，既是声旁也是形旁，表示树枝。穌，金文=（鱼）+（木，树枝），字形是在鱼鳃位置加"木"，表示用树枝穿鳃提鱼。古人发现，用树枝或稻草穿鳃提鱼，短时间内虽使鱼失去了水并伤及鱼鳃，但并不会置鱼于死地，只要给予必要的水环境，鱼就可以"复活"。当"穌"的"复活"本义消失后，金文将混合结构的调整左右结构，并加"艸"（草）另造"蘇"代替，表示用稻草穿鳃提鱼。造字本义：用树枝或稻草穿鳃提鱼，使鱼可以落水复活。小篆将金文字形中的"木"（树枝）写成"禾"（稻草）。隶书将小篆的写成，将小篆的写成，将小篆的写成。俗体楷书以"办"代替正体楷书的"穌"。"蘇"的异体字俗作"甦（sū）"。

【溯源】 苏姓出自己姓，为颛顼高阳氏后裔。颛顼玄孙吴回之子陆终有六子，长子樊居于昆吾，后发展为强大的部落，史称昆吾氏，为己姓。周武王时，其后裔有司寇忿生，受封于苏国，称为苏忿生，为史科中有明确记载的苏姓第一人。春秋时，苏国被狄人攻灭，其国人便以国名为氏。

【掌故】 "千古谋略家"苏秦

苏秦（前347—前284），字季子，雒阳（今河南洛阳）人，战国时期著名的纵横家和谋略家。他素有大志，据说是鬼谷子王栩（xǔ）的徒弟。学成之后，他出游数载，一无所获，落得"妻不下纴（rèn），嫂不为炊，父母不与言"；乃闭门不出，出其书遍观之，每逢困乏欲睡，便用锥刺其股。这便是成语"悬梁刺股"中"刺股"的由来。在战国纷争年代，苏  秦提倡合纵，主张韩、魏、齐、楚、燕、赵六国联合起来，共同对抗强秦。他一生最大的成就，就是成功劝说六国国君联合，身佩六国相印，使秦国十五年不敢出兵函谷关。可谓"一怒而诸侯惧，安居而天下息"，创造了千古谋略家的辉煌。

【家训】 苏氏家训选

凡我子孙，父慈子孝，兄友弟恭，夫正妇顺。内外有别，老小有序，礼义廉耻，为人豪杰，士农工商，各守一业。和善心正，处事必公，费用必俭，举动必端，语言必谨，事君必忠，为官必廉。乡里必和，睦人必善。非善不交，非义不取，不近声色，不溺货利，尊老敬贤，救死扶贫。讦（jié）诈勿为，盗偷必忌。不善者劝，不改者斥。凡吾子孙，必遵家规，违者责之。

解读 苏氏家训阐明老少有序、礼义廉耻，是兴家的基础，强调"正、公、俭、谨、忠、廉"是做人做事的基础；"与人为善，以义取利"是成就事业的基础。

【拾艺】 　　　　　　　　苏轼书法

　　《黄州寒食诗帖》是苏轼（东坡居士）行书的代表作。这是一首遣兴诗作，是苏轼在被贬黄州第三年的寒食节所发的人生感叹。诗写得苍凉多情，表达了苏轼此时惆怅孤独的心情。此诗的书法也正是在这种心情和境况下，有感而出的。通篇书法起伏跌宕，光彩照人，气势奔放，而无荒率之笔。《黄州寒食诗帖》在书法史上影响很大，被称为"天下第三行书"，也是苏轼书法作品中的上乘之作。正如黄庭坚在此诗后所跋："此书兼颜鲁公、杨少师、李西台笔意，试使东坡复为之，未必及此。"

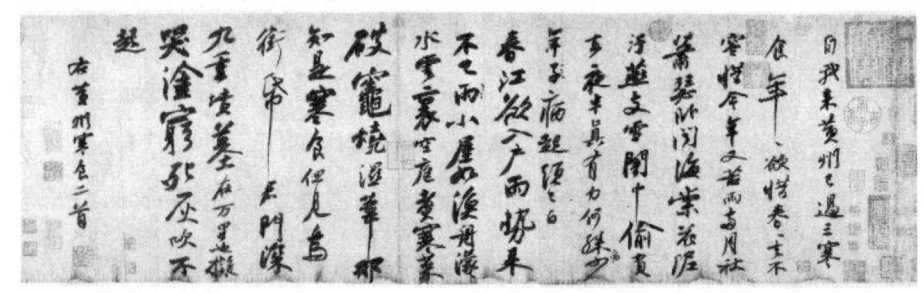

《黄州寒食诗帖》，纸本，25行，共129字。

释文　　自我来黄州，已过三寒食。年年欲惜春，春去不容惜。今年又苦雨，两月秋萧瑟。卧闻海棠花，泥污燕支雪。暗中偷负去，夜半真有力，何殊病少年，病起头已白。春江欲入户，雨势来不已。小屋如渔舟，蒙蒙水云里。空庖煮寒菜，破灶烧湿苇。那知是寒食，但见乌衔纸。君门深九重，坟墓在万里。也拟哭涂穷，死灰吹不起。

◎ 卢姓·文字演变

甲骨文	金文	小篆	隶书	楷书		行书	草书
商·殷墟	晏次卢	说文解字	孔宙碑	颜真卿	颜真卿	唐寅	张瑞图

【解字】 卢，繁体作"盧"，甲骨文=（虎头）+（鬲锅），表示锅中有虎头。造字本义：熬煮兽骨的炉子。有的甲骨文=（兽角，代兽头）+（皿，容器），表示熬煮兽头。金文将两款甲骨文的字形合并，将甲骨文的（鬲锅）写成；将（兽角）写成，将甲骨文的写成。籀文突出虎头，省去兽角，又将鬲（gé）锅写成。小篆将籀文的写成"由"。隶书则将小篆的"由"写成"田"。"盧"的本义已消失。俗体楷书"卢"利用草书字形将正体楷书盧的"虎头"写成"卢"。

【溯源】 卢姓源于姜姓，为炎帝神农氏之后裔，西周时，炎帝后裔姜尚因辅佐周武王兴周灭商有功，被封于齐，有太公之称。春秋时代，齐太公的后裔高傒（xí）食采于卢，"因邑为姓"，故其后裔姓卢。

【掌故】 王后卢前

"王后卢前"出自《旧唐书·文苑传上·杨炯（jiǒng）》。

唐朝初期，诗歌散文十分活跃，涌现出一大批著名的诗文作家，"初唐四杰"是其中的代表人物，即：王勃、杨炯、卢照邻及骆宾王，他们的诗歌在海内外都有名气。当时有人试着给他们排名，杨炯听到后说："吾愧在卢前，耻居王后。"人们认为这样的排名比较合理。

【家训】 卢氏家训选

第一章 凡卢氏范阳之后裔,不可以不可宗派,不视尊卑。不得以亲之贫者为疏以疏之,富贵者为亲亦亲之,不得以大欺小,以富欺贫,以强凌弱。如此,则可为后者睦族之风也。

第二章 学礼乐而读诗书,讲文明礼貌,尊师重道,谦恭敬让。凡家族之有问者,不得保守,应互教互学,切长补短,如此则为卢氏楷模之后裔也。

第三章 教训子孙清白传家。以耕读为本,忠孝为先,耕读兼并,忠孝两全,不耕则读,不读则耕,士农工商,各居正业,遵守国家法纪,不作好逸恶劳,勿以善小而不为,勿以恶小而为之。此之谓教育后世清白传家之雅训也。

解读 卢氏家训第一章规定了"三以"的族风,即不得"以大欺小,以富欺贫,以强凌弱。"第二章规定了做人做事的"高线",强调礼、乐、诗、书。第三章规定了做人做事的"底线",强调耕读、忠孝、守法、办实业。

【拾艺】 卢照邻《长安古意》

卢照邻(约636—约695),字升之,号幽忧子,幽州范阳(今河北涿州)人,唐代大臣、著名诗人。他博学能文,工诗歌,与王勃、杨炯、骆宾王并为"初唐四杰"。

长安古意

长安大道连狭斜,青牛白马七香车。玉辇纵横过主第,金鞭络绎向侯家。龙衔宝盖承朝日,凤吐流苏带晚霞。百尺游丝争绕树,一群娇鸟共啼花。游蜂戏蝶千门侧,碧树银台万种色。复道交窗作合欢,双阙连甍垂凤翼。梁家画阁中天起,汉帝金茎云外直。楼前相望不相知,陌上相逢讵相识?借问吹箫向紫烟,曾经学舞度芳年。得成比目何辞死,愿作鸳鸯不羡仙。比目鸳鸯真可羡,双去双来君不见?生憎帐额绣孤鸾，好取门帘帖双燕。双燕双飞绕画梁，罗帷翠被郁金香。片片行云着蝉鬓，纤纤初月上鸦黄。鸦黄粉白车中出，含娇含态情非一。妖童宝马铁连钱，娼妇盘龙金屈膝。御史府中乌夜啼，廷尉门前雀欲栖。隐隐朱城临玉道，遥遥翠幰没金堤。挟弹飞鹰杜陵北，探丸借客渭桥西。俱邀侠客芙蓉剑，共宿娼家桃李蹊。娼家日暮紫罗裙，清歌一啭口氛氲。北堂夜夜人如月，南陌朝朝骑似云。南陌北堂连北里，五剧三条控三市。弱柳青槐拂地垂，佳气红尘暗天起。汉代金吾千骑来，翡翠屠苏鹦鹉杯。罗襦宝带为君解，燕歌赵舞为君开。别有豪华称将相，转日回天不相让。意气由来排灌夫，专权判不容萧相。专权意气本豪雄，青虬紫燕坐春风。自言歌舞长千载，自谓骄奢凌五公。节物风光不相待，桑田碧海须臾改。昔时金阶白玉堂，即今惟见青松在。寂寂寥寥扬子居，年年岁岁一床书。独有南山桂花发，飞来飞去袭人裾。

赏析 《长安古意》是卢照邻的代表作，也是初唐七言歌行的代表作之一。此诗托古意而写今情，展现了当时长安社会生活的广阔画卷。在这首长篇七言诗中，诗人用传统题材写自身的感受，以铺陈的笔法，描绘当时京都长安的现实生活场景，流露出对美好生活的热爱和向往。

◎ 蒋姓·文字演变

甲骨文	金文		小篆	隶书	楷书		行书	草书
商·殷墟	中山王壶	诅楚文	说文解字	孔彪碑	颜真卿	颜真卿	欧阳询	王羲之

【解字】 蒋字，形声，从艹，从将，将亦声。"将"与"酱"同源，后分化。将，甲骨文 = （爿，床）+（两个"又"，两只手），表示双手忙碌，照顾卧床的老弱病伤者。金文 省去双手 ，将甲骨文字形中的"爿" （床）写成"疒" ，并加"酉" （酒），表示用美酒伺候"病人"。诅楚文 在甲骨文字形 基础上加"月" （肉），表示用香肉等高级食物伺候"病人"。造字本义：动词，用酒肉美食伺候卧床的老弱病伤者。小篆 基本承续金文字形 。俗体楷书 依据草书字形 将正体楷书的 简化成 ，将正体楷书的"月" 写成"夕" 。当"将" 的本义消失后，甲骨文 再加"夕" （肉食）、加"鼎" （盛器）另造"酱"代替，表示放在盛器里的豆麦等食物加肉加酒后发酵成的糊状营养食品。

【溯源】 蒋姓源于姬姓。西周初期，周公姬旦的第三个儿子伯龄，被封在蒋，建立蒋国。蒋国灭亡之后，姬伯龄的后裔子孙就以故国名为姓氏，称蒋氏。

【掌故】 蒋琬取名的传说

蒋琬（？—246），字公琰。零陵郡湘乡县（今属湖南）人，三国时期蜀汉宰相，与诸葛亮、董允、费祎（yī）合称"蜀汉四相"。相传东汉末年，在涓水河畔的伊家湾，住着一对年过半百、膝下没有子女的蒋姓夫妇。有一天晚上，蒋妻梦见一颗明亮的星星扑入自己的怀中。古人以为"星子兴子"，这是得子的吉兆。不久，蒋妻真的怀孕了。夫妻二人甚是高兴。在一个旭日灿烂、朝霞满天的早晨，蒋妻生下一子。小孩刚刚落地，一道祥光忽然从后厅直射天空。顿时，屋顶瓦片纷飞，后山百鸟飞舞，湾里牛嘶马叫，池塘鱼儿欢跃。蒋父想，妻子得梦为吉兆，孩子出生吉兆再现，就为儿子取名为"琬"，以美玉来象征期待吉祥如意。

【家训】 蒋氏家训选

一、国课贵于早完。以下事上，古今通谊，况天子湛恩汪濊（huì），涵煦（xù）渐摩，食税衣租，取民有制。凡在编氓皆戴天恩，惟正之供而不可输将恐后乎。愿我同族早完国赋。

二、昌后莫如修德。心术由此而端，品行由此而正，福田亦由此而厚。语云，积钱与子孙，子孙未必能守。集书与子孙，子孙未必能读。莫若积德于冥冥之中，以为子孙永远之计。愿我同族，其佩斯言。

三、父母教子。均平之爱不可废，式榖（gǔ）之训尤必严。所以，燕山之教以义方，敬姜之论著劳逸。千古为昭矣！若情深舐犊，溺爱不明，此操戈之患所由来也！愿我同族教子以正。

解读 蒋氏家训强调国家至上的观念，体现在"完税贵早"上。教育后代强调修身至上；育儿教子强调以"爱严"至上。

【拾艺】 　　　　蒋廷锡《梅竹水仙》欣赏

　　蒋廷锡，清代画家，擅画花鸟，以逸笔写生，奇正率工，敷色晕墨自然洽和，风神生动，得恽寿平韵味。其所作坡石、兰竹，亦具雅致。

◎ 蔡姓·文字演变

金文	小篆	隶书	楷书	行书	草书
金文图	小篆图	隶书图	楷书图	行书图	草书图
西库升鼎	说文解字	马王堆帛书	柳公权	米芾	毛泽东

【解字】 "蔡"从甲骨文、金文的字形看当源于古代的祭祀活动。秦代的小篆将表示祭祀活动的"蔡"字直接写作"祭",以代用品代替活人。故"蔡"在古文字中与"杀"同义,后分化。

【溯源】 蔡姓源出于姬姓,周武王姬发灭商后,将五弟叔度封于蔡(今河南上蔡),建立蔡国。后被楚国所灭,子孙四散,以国名为姓。

【掌故】 陈蔡之厄

"陈蔡之厄"出自《孟子·尽心下》:"君子之厄于陈蔡之间,无上下之交也。"

春秋时期,大思想家孔子为了推行儒家思想,带领弟子数十人周游列国。有一次,孔子和弟子们从陈国赶往蔡国游说,他们一行在陈、蔡之间的荒野中发病,弟子围着孔子而坐,没有粮食,只好困在那里。后人以"陈蔡之厄"比喻旅途中遇到食宿上的困难。

【拾艺】　　　　　蔡襄书法

蔡襄书法《离都帖》，又名《致杜君长官尺牍》，乃蔡襄即将渡长江"南归"途中所书。蔡襄离都（今河南开封）行至南京（今河南商丘）而痛失长子，友人来信慰问，襄作此书答谢。其书法丰腴厚重处似颜真卿，兼有王羲之行草之俊秀。选自《宋四家墨宝》册。

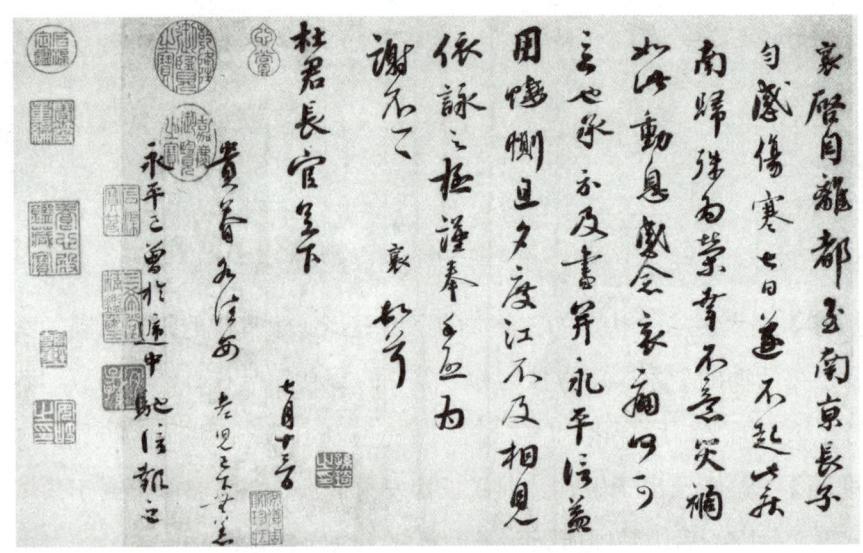

蔡襄《离都帖》，台北故宫博物院藏。

释文　襄启：自离都至南京。长子匀感伤寒七日。遂不起此疾。南归殊为荣幸。不意灾祸如此。动息感念。哀痛何可言也。承示及书。并永平信。益用悽恻（qī cè）。旦夕渡江。不及相见。依咏之极。谨奉手启为谢。不一一。襄顿首。杜君长官足下。七月十三日。贵眷各佳安。老儿已下无恙。永平已曾于递中。驰信报之。

◎ 贾姓·文字演变

金文	小篆	隶书	楷书	行书	草书
古玺	说文解字	马王堆帛书	颜真卿 颜真卿	王羲之 翁方纲	毛泽东

【解字】 贾，金文=贝（贝，钱）+古（古，"沽"的省略，买），表示用钱购买酒。小篆=两（"网"的变形）+贝（贝），表示用网兜装着钱币到市场上采购。造字本义：兜贝（钱币）到市场采购。

【溯源】 贾姓起源主要有三：① 出自姬姓，贾伯之后。② 出自狐偃（yǎn）之后，以邑为氏。③ 出自少数民族。

【掌故】 贾虎荀龙

《后汉书·党锢传·贾彪》：东汉贾彪兄弟三人，并有高名，而彪（字伟节）最优，故天下称："贾氏三虎，伟节最怒。"《世说新语·品藻》：东汉荀淑八子，都有名声，时人称为"八龙"。后世以"贾虎荀龙"称文武全才的人。

【家训】 贾氏家训选

贾昌朝（997—1065）字子明。宋朝宰相、文学家、书法家，著作有《群经音辨》《通纪时令》等。

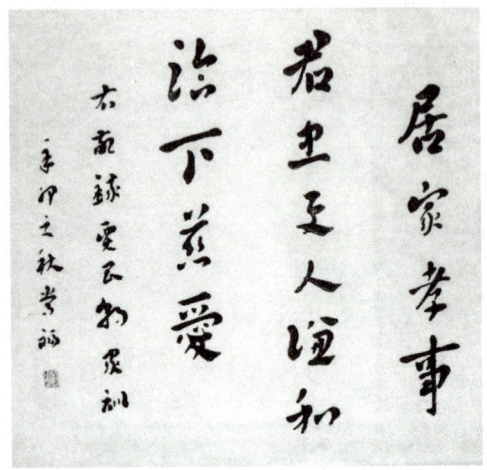

宋朝尊崇儒学，从贾昌朝的家训中看，儒家的伦理道德规范已渗入家法族规中且根深蒂固，强调长幼有序，尊卑贵贱，信守忠、节、义、孝、和，从而维护着封建宗法秩序和封建统治。信中告诫子孙为官之道，为人要正直，以忠孝和为本，懂得孝顺父母，待人和善。为官要清廉，平素言谈举止要小心谨慎，不要妄论政事，更不要说他人是非长短。这是明哲保身之道，符合儒家的道德规范，也是处世所应遵循的道德准则。即使今天看来，这些至理名言也很有指引作用，为人处世，以忠厚慈爱为本，必有所得。

今诲汝等，居家孝，事君忠，与人谦和，临下慈爱。众中语涉朝政得失，人事长短，慎勿容易开口。

解读 我现今教导你们，在家要孝顺，为君主做事要忠心，待人要谦和，对下属要慈爱。众人中有言语涉及朝政得失、论人事长短的，不要随便开口。

【拾艺】　　　　贾岛《剑客》

贾岛（779—843），字浪仙，一作阆仙，幽州范阳（今河北涿州）人，唐代诗人。

剑客

十年磨一剑，霜刃未曾试。
今日把示君，谁有不平事。

赏析　《剑客》是贾岛的代表作，又名《述剑》。全诗大意为：十年辛苦劳作，磨出一把利剑，剑刃寒光闪烁，只是未试锋芒。如今取出，给您一看，谁有不平之事，不妨如实告我。

◎ 丁姓·文字演变

甲骨文			金文			小篆	隶书	楷书	行书	草书
商·殷墟			王子曼鼎 齐刀文		父盉 丁鼎	说文解字	居延简	张猛龙碑	张瑞图	孙过庭

【解字】 "丁"是"钉"的本字。丁，甲骨文像平放的竹楔即竹钉或木钉。甲骨文像竹钉或木钉的竖立形状。甲骨文□像竹钉或木钉的方形的顶部。金文画出钉针和钉盖的完整形状。有的金文↑、✦像钉盖向上突起。小篆↑将金文字形✦中向上突起的钉盖写成"人"形人，同时突出了钉针的柱形丨，字形与"个"相似。造字本义：竹木或金属制成的顶宽足尖的楔子。隶书丁将小篆字形中顶部的钉盖人写成一横。当"丁"的"楔子"本义消失后，再加"金"另造"钉"代替。古人称持斧开凿者为"父"，称带着满筐刀具者为"匠"，称从事建筑劳役者为"丁"。

【溯源】 丁姓出自姜姓。西周初年，姜尚因辅佐武王灭商有功，被封于齐（今山东省北部、河南省东部）。其长子名伋（jí），谥号为齐丁公，其子孙便以谥号为氏，称为丁氏，并尊丁公伋为丁姓始祖。一说源于子姓，是殷商时期诸侯丁侯的后裔。

【掌故】 丁恭讲学

丁恭，山阳东缗（mín）（今山东济宁金乡）人，字子然，东汉经学家，曾任谏议大夫，博士。他学识渊博，崇拜严彭祖之学，潜心钻研《公羊严氏春秋》，学义精明，多有所得。居家授徒讲学，常有数百人，在当地威望很高，慕名前来求学者络绎不绝，前后著录远方弟子多达数千人之多，当世号称"大儒"。史上评说，他为公羊学的传播和发展做出了积极贡献。

【拾艺】 清代浙派篆刻的开山鼻祖丁敬篆刻作品

丁敬（1695—1765），字敬身，号砚林，又号钝丁，别署梅农、玩茶叟、丁居士、龙泓山人、砚林外史、胜怠老人、孤云石叟等。浙江钱塘（今杭州）人。好金石碑版，精鉴别，富收藏。工诗，擅书法，篆刻取法秦玺汉印，参何震、朱简之长，以切刀法刻印，方中寓圆，苍劲质朴，一洗矫揉妩媚之态，为"浙派""西泠八家"之首。著有《武林金石记》《砚林诗集》《砚林印存》等。

龙泓外史丁敬身印记

玉池山房

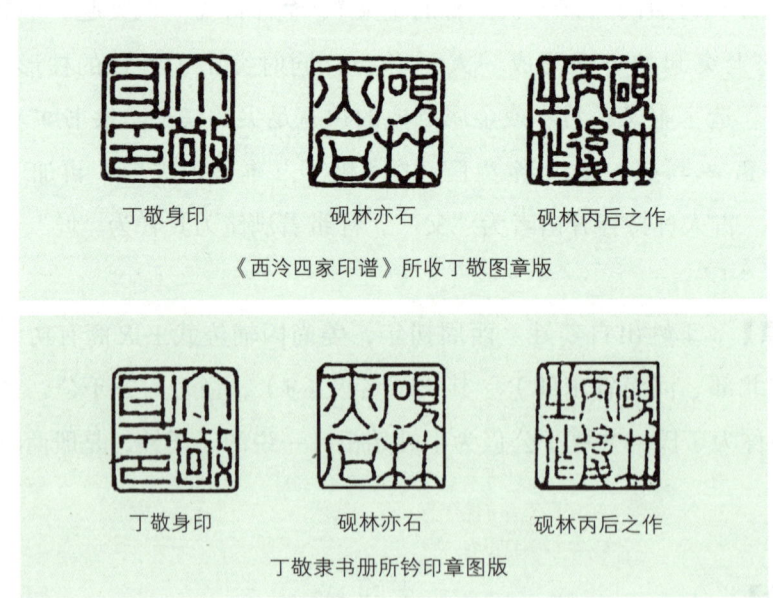

◎ 魏姓·文字演变

金文	小篆	隶书	楷书	行书	草书
钟鼎文	说文解字	衡方碑	元珍墓志	苏轼	孙过庭

【解字】 "魏"原指古代宫门上的楼台：魏阙（古代宫门上所建的巍然高出的台阙，因下边两旁有悬布法令的地方，所以亦用来代指朝廷）。

【溯源】 魏姓一支出自姬姓。春秋时，晋国有个大夫叫毕万，系周武王之弟毕公高之后，他被晋国君主晋献公封于魏邑。毕万的后代建起魏国，称魏文侯。后来魏国的公族子孙散居各地，均以原国名为姓，世代姓魏。有的支脉出自隗（kuí）姓和芈姓。

【掌故】 "一面镜子"魏征

魏征（580—643），字玄成，巨鹿郡人，唐代著名政治家、思想家、文学家和史学家。因其直言敢谏，辅佐唐太宗开创"贞观之治"的大业，被后人称为"一代名相"。有一次，唐太宗正在玩弄一只小鹰，魏征正好有事情要来求见，唐太宗怕魏征见到，就把小鹰藏在怀中。魏征进来的时候装作没有看到，故意在唐太宗面前拖延时间，等魏征走了以后，小鹰已经在唐太宗怀中窒息而死，唐太宗非常生气，回到后宫大发脾气，长孙皇后弄清了来龙去脉后，立马向唐太宗道贺。她说，魏征之所以敢顶撞于您，说明他认为您是一个明君，而不是一个昏君，才敢直言进谏，唐太宗听后瞬间醒悟，明白了"谗言好听，忠言逆耳"这个道理。后来，魏征去世，李世民伤心地说：魏征一走，我便失去了一面镜子。

【拾艺】　　　魏碑《魏故司马元兴墓志铭》

北魏书法石刻精品《魏故司马元兴墓志铭》，刻写于北魏永平四年（511年）十月十一日。此拓系翻刻本中之最精者。

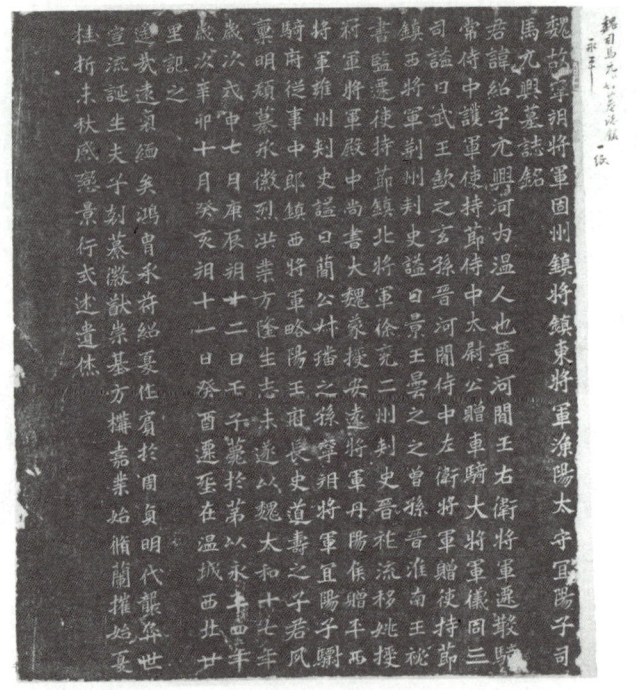

《魏故司马元兴墓志铭》，高58.5 cm，宽48 cm，国家图书馆所藏。

◎ 薛姓·文字演变

甲骨文	金文	小篆	小篆	隶书	楷书	行书	草书
商·殷墟	毛公鼎	说文解字	说文解字	马王堆帛书	颜真卿	郑板桥	草书辨体

【解字】 "薛"是"孽"的本字。薛，甲骨文 = ▽（辛，刑具）（乃，即"奶"的本字，借代孕妇）+（厶，胎儿），表示妇女非法怀胎，遭到宗族刑罚。在维护宗法权威的封建社会，非婚生子就是触犯伦理大忌，被视为大罪。当"薛"的"惩罚非婚生子"本义消失后，小篆 再加"子" 另造"孽"代替，以明确被小篆写成兵符状的甲骨文"厶"的"私生子"含义。隶化后楷书 将小篆字形中的 写成 ，将小篆字形中的 写成 子。

【溯源】 相传薛氏先祖最早源自古代任姓部落，是人文始祖黄帝的后裔。任氏传至奚仲，大禹为王的时候，受封于"薛"地，在今山东滕州一带。奚仲于是建立了薛国，到了周朝末年被并入楚国，楚国国君也优待薛国的公族，其中有一个叫薛登的公子，让后代全都以薛为姓。

【掌故】 薛仁贵"三箭定天山"

薛仁贵（614—683年），绛（jiàng）州龙门（今山西河津）人。唐初大将，善骑射。唐太宗时应募从军征高丽，因功升右领军中郎将，后又率军于天山战胜九姓突厥。据史书记载，当时九姓部众十余万，以骁骑数十来挑战。薛仁贵三箭

射死三人，敌人为之胆怯，降唐。于是军中便流传起"将军三箭定天山，壮士长歌入汉关"的歌曲。高宗时薛仁贵曾任安东都护。后用"三箭定天山"形容箭法高超，作战勇敢，很容易就取得了胜利，亦以此典赞誉武将功勋或平虏定边的雄心壮志。

【拾艺】 薛绍彭《昨日帖》赏析

宋代薛绍彭，字道祖，号翠薇居士，长安（今陕西西安）人。以翰墨名世。自谓河东三凤后人。官至秘阁修撰，出为梓桐槽。家藏晋、唐书法，名画甚多，与米芾每以鉴赏相高，得以计较。

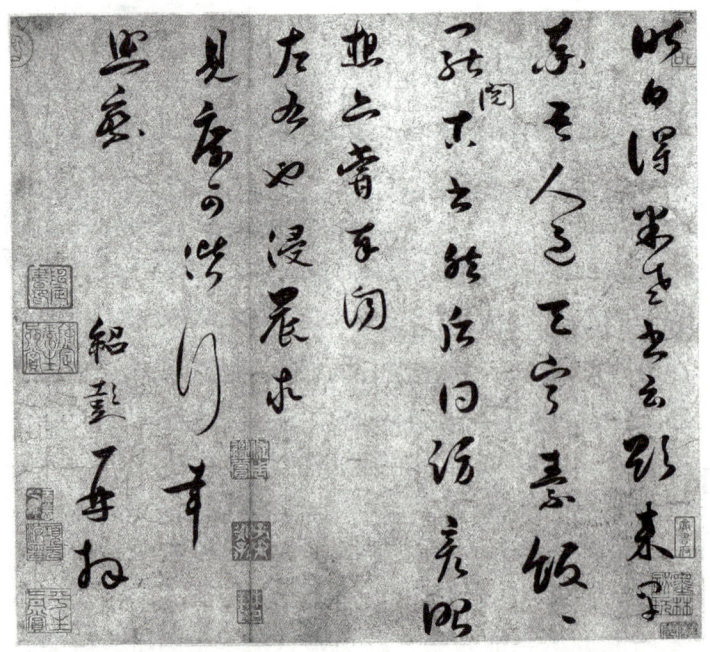

薛绍彭行书《昨日帖》，又名《得米老书帖》，纵26.9 cm，横29.5 cm，台北故宫博物院藏。

薛绍彭精行、草书，师法晋唐，笔致清润遒丽，有六朝遗意。与米芾齐名，人称"米薛"。

薛绍彭行书《昨日帖》，又名《得米老书帖》，运笔藏锋，锋正而不显露；结体平正，虽流动而不浮急，字距疏松，格局清朗，与五代杨凝式的《韭花帖》格局相似。章法近古，字字断开，不作连绵之势，如王羲之《十七帖》，似孙过庭《书谱》。从此可窥见薛昭彭师法晋唐。

释文 昨日得米老书。云欲来早率吾人过天宁素饭。饭罢阅古书，然后同访彦昭，想亦尝奉闻左右也，侵晨求见，庶可偕行，幸照察，绍彭再拜。

◎ 叶姓·文字演变

甲骨文	金文	小篆	隶书	楷书	行书	草书
![]	![]	![]	![]	![]	![]	![]
商·殷墟	钟鼎文	说文解字	黄士陵	张猛龙碑	王羲之	鲜于枢

【解字】　"叶"字中，十既是声旁也是形旁，是"协"的省略，表示调和、同步。叶，小篆叶=口（口，说）+十（十，多），表示众口一词。造字本义：异口同声。"叶"的本义与"谐"相近，后由"谐"代替。（注："叶"合并"葉"之后，"叶"不读它原有读音 xié，而转读被合并字"葉"的读音 yè，这是合并简化过程发生的"变读"现象。）

合并字"葉"，枼，既是声旁也是形旁，是"葉"的本字。枼，甲骨文 是象形字，像树 上长满圆片状 的呼吸器官。金文 将甲骨文字形中圆片状的 改成枝杈状的 ，表示众多树枝上长着众多片状呼吸器官。小篆 将金文字形中枝杈状的 写成"世" ，并在 基础上加"艸" （植物），强调"葉"的"植物"特性。造字本义：植物光合作用和呼吸的绿色扁平器官，即所谓"树叶"。

【溯源】　叶姓出自芈（mǐ）姓。颛顼后人沈诸梁，楚惠王时期被任命为楚国北部叶邑的行政长官，故称"叶公"，其后裔以邑为氏。一说出自许姓，唐宣宗时期许延一、许延二兄弟携家人因避祸由河南固始县向福建迁徙，改称叶姓。

【掌故】 叶圣陶"改名励志"

叶圣陶（1894—1988），原名绍钧，字秉臣，后改为圣陶，苏州人。他从小勤奋学习，志向远大，12岁入小学时，就找老师给自己取一个立志爱国的"字"。老师说："你名绍钧，有诗曰'秉国之钧'，就取字'秉臣'吧！"并教育他爱国要先爱家乡，要晓得家乡的山川史地名人伟业。后来，辛亥革命推翻帝制，苏州光复，次日，他又找教师说："清廷已覆没，皇帝被打倒，我不能再称'臣'了，还想请先生再改个字。"先生笑了，说："你名绍钧，有诗曰'圣人陶钧万物'，就取'圣陶'为字吧。"圣者，圣贤也；陶，冶、范也，比喻"做圣贤，造就人"。叶绍钧觉得圣陶的立意高，含义深，欣然改字。叶圣陶三个字好读响亮，意美新颖。叶先生用一生践行了自己的誓言，人如其名，在文化教育领域，叶圣陶像一名辛勤的制陶工匠，从事文化教育，陶冶了一代又一代青年学生，育化万物，令人景仰。

【拾艺】 叶清臣书法

叶清臣（1000—1049），字道卿，长洲（今江苏苏州）人，北宋名臣。天圣二年（1024年）进士，历任光禄寺丞、集贤校理，迁太常丞，进直史馆。论范仲淹、余靖以言事被黜（chù）事，为仁宗采纳，仲淹等得近徙（xǐ）。同修起居注，权三司使。知永兴军时，修复三白渠，溉田六千顷，实绩显著，后人称颂。著作今存《述煮茶小品》等。《宋史》《东都事略》有传。

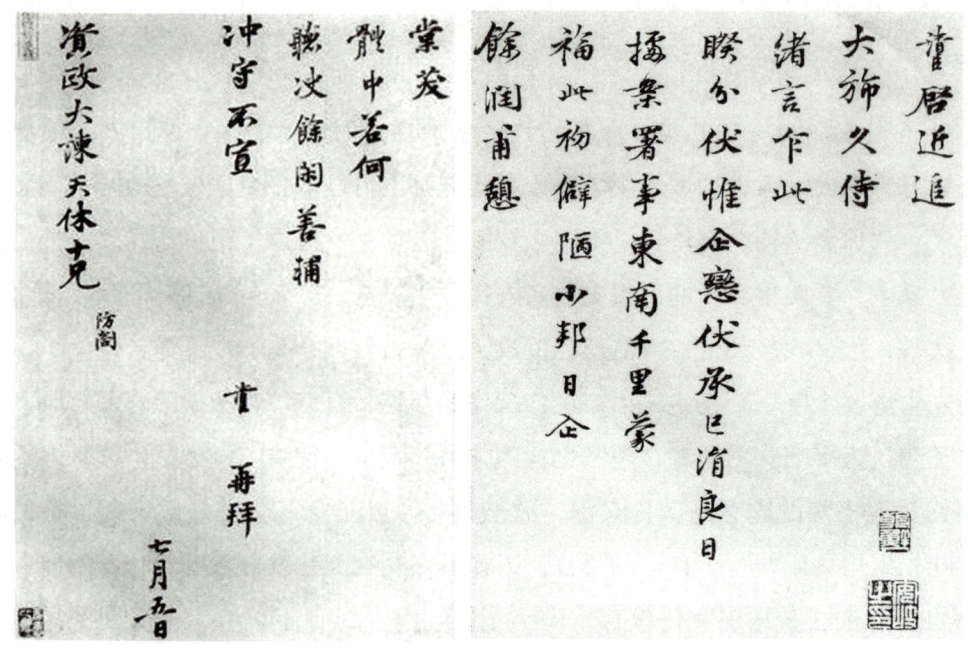

北宋名臣叶清臣手迹《大旆（pèi）尺牍》，32.5 cm×45.6 cm，台北故宫博物院藏。

释文 清臣启，近追大旆（pèi），久侍绪言，乍此暌（kuí）分，伏惟企恋，伏承已涓良日，据案署事，东南千里，蒙福此初，僻陋小邦，日企余润，甫憩（qì）棠芨（yǒu），体中若何，听决余闲，善辅冲守，不宣，清臣再拜，资政大谏天休十兄，防阁，七月五日。

◎ 阎姓·文字演变

金文	小篆	隶书	楷书	行书	草书
𨳇	閻	閻	閻	阎	阎
古文字类编	说文解字	隶辨	颜真卿	毛泽东	米芾

【解字】 阎，里中门也，从门臽（xiǎn）声。"臽"是"陷"的本字。臽，甲骨文像一个人掉进阱坑里，几点指事符号。造字本义：动词，不慎掉进敌人或猎人预设的阱坑。金文基本承续甲骨文字形，以"女"代"人"，将阱坑写成"臼"，表示阱坑布满致命利刺。小篆字形综合了甲骨文和金文。

【溯源】 阎出自姬姓，黄帝后裔。古公亶（dǎn）父又称太王，上古周族的杰出领袖，周文王祖父，周王朝的奠基人，是黄帝第15世孙。他有三子：太伯、仲雍和季历。周武王时，封太伯的曾孙仲奕（yì）于阎乡（今山西安邑）。仲奕的后代遂以封地阎作为姓氏。

【掌故】 "画牛王"阎次平

阎次平，南宋画家。隆兴初（约1163年）任画院祗（zhī）侯，授将仕郎。继承家学，而画艺超过其父阎仲。阎次平擅长绘山水、人物，尤工画牛，颇为生动。他

阎次平《仿唐韩滉五牛图》

画树木则用笔粗简，而画牛则精细勾描，栩栩如生。著名作品有《四季牧牛图》，四段卷，绢本，现藏南京博物院。

【家训】　　　　　　　阎氏家训选

热爱祖国，孝敬父母，重视教育，品德高尚。
团结友爱，正确择偶，遵纪守法，爱岗敬业，
勤俭持家，严禁赌毒。崇尚科学，注重养生。

解读　阎氏家训开宗明义"爱国、孝亲、重教、立德"；强调"守法、敬业、勤俭"。

【拾艺】　　　　　　　阎立本《步辇图》

《步辇（niǎn）图》是唐朝画家阎立本的名作之一，也是中国十大传世名画之一。作品设色典雅绚丽，线条流畅圆劲，构图错落富有变化，为唐代绘画的代表性作品，具有珍贵的历史和艺术价值。

贞观十四年（640年），吐蕃赞普松赞干布仰慕大唐文明，派使者禄东赞到长安通聘。《步辇图》所绘是禄东赞朝见唐太宗时的场景。

《步辇图》宋朝摹本。绢本，设色，纵38.5 cm，横129.6 cm，北京故宫博物院藏。

◎ 余姓·文字演变

甲骨文	金文	小篆	隶书	楷书	行书	草书
商·殷墟	周（害夫）簋	罗振玉	马王堆帛书	颜真卿	米芾	赵构

【解字】 本字"余"，甲骨文⩓=∧（尖圆屋顶）+干（才，房柱和横梁），表示单柱尖顶的简易建筑。造字本义：单柱、无壁的尖顶茅屋，一种最简易的建筑，用于存放一般农资、杂物。金文⩓承续甲骨文⩓字形。有的金文余在房柱干两侧加支撑物八。小篆余承续金文字形。

【溯源】 余姓出自姬姓，源于春秋时秦国宰相由余之后。由余，周携王姬余臣之后。由余本来在西戎为官，后奉命出使秦国，见秦穆公贤德大度，就留在秦国为臣。他为穆公谋划征伐西戎，使秦国成为西方霸主。他的后代子孙以其名字为姓，有的姓由，有的姓余，二者同出一宗。

【掌故】　　　　余靖"直言敢谏"

余靖（1000—1064）北宋官员，本名希古，字安道，号武溪，韶州曲江（今广东韶关）人。余靖生于1000年三月初一，少时聪慧，读书过目不忘。后擢（zhuó）升为谏院右正言，专门向皇帝进谏奏事，正直敢言，曾多次建言"轻徭薄赋"、整顿户政、去除贪残之吏、抚疲困之民事，以致唾液飞溅至皇帝的"龙颜"上，仍意犹未尽，还曾提出"清、公、勤、明、和、慎"的著名《从政六箴（zhēn）》。余靖的胆识和气概有诗为赞:"崭然安道生头角,气虹万丈横天衢(qú)。臣靖胸中有屈语,举嗌(yì)不避萧斧诛"。

【拾艺】　　　　　　余绍宋篆刻作品

余绍宋,浙江龙游人,号越园、樾(yuè)园,别署寒柯,1910年毕业于日本东京法政大学。民国元年(1912年)任司法部参事,余绍宋平生旨趣尽在金石书画、画学论著、方志编纂,为近代著名史学家、鉴赏家、书画家和法学家。

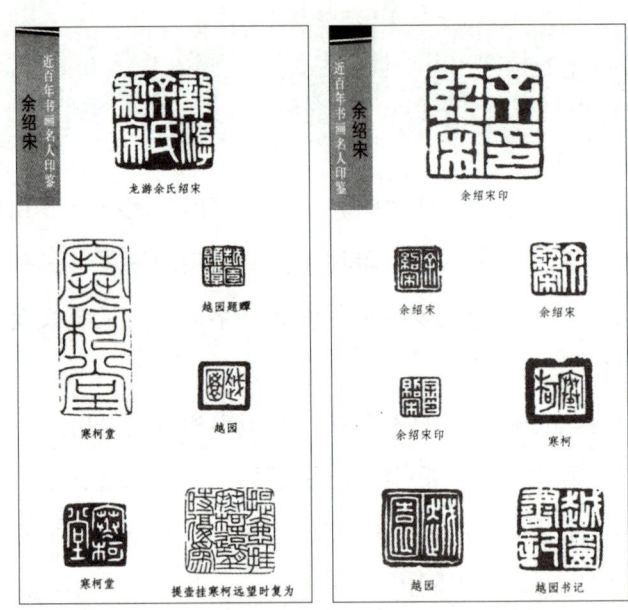

余绍宋篆刻作品

◎ 潘姓·文字演变

金文	小篆	隶书	楷书	行书	草书
战国·玺汇	古文字类编	李隆基	颜真卿	陆柬之	毛泽东

【解字】 潘是番的演化。番有 pān 和 fán 两种读音，最早的番人应是崇拜足的氏族，并作为氏族的原始图腾和氏族之名。后来，番人中有分支建立了城堡，遂在番字边加邑成为鄱，这支氏族也成了鄱氏族；居于水边且岸草茂盛的分支，遂在番字上加"艹"加"氵"成为蕃（藩）氏族；而多数居于水边的人群则添水部称为潘，河名为潘水，族人成为潘氏族，以潘命居地名。

【溯源】 潘姓出自姬姓。周文王第十五子毕公高让其子伯季食采于潘邑（今陕西西安、咸阳一带），其子孙遂以邑名为姓，称为潘氏。

【掌故】 潘季驯"治河有方"

潘季驯（1521—1595），浙江乌程人，字时良，号印川，明代水利家。他提出了治河方针，对后代治理黄河有重要影响。他主张黄河下游不宜分流，决口也应及时堵塞。因为"分则势缓，势缓则沙停，沙停则河饱，饱则夺河"。他提出，治理高含沙河流的主要方法是，利用堤防淤滩固堤缩窄河床断面，加大水流速度，逐步冲深河床。他把这一方法概括地表述为"筑堤束水，以水攻沙"。潘季驯还认识到，清水挟沙力比浑水高，主张黄河下游应拒绝高含沙量的河流汇入，尽量引入清水河流，以提高河流的冲刷能力，这就是"蓄清刷黄"。"束水攻沙"和"蓄清刷黄"阐明的水流挟沙力概念，与近代河流动力学原理一致。《河防一览》是潘季驯治河理论的代表作。

【拾艺】

潘祖荫书法

潘祖荫（1830—1890），字东镛（yōng），号伯寅（一作宾），小字凤笙（shēng）等。江苏吴县人。祖籍安徽歙（shè）县，出身苏州望族，世代门第显赫，祖父潘世恩是历任乾隆、嘉庆、道光、咸丰四朝的高官。潘祖荫自幼好学，精通经史，涉猎百家。咸丰二年（1852年）壬子科殿试得中探花，官至工部尚书、军机大臣，卒于任。谥（shì）"文勤"。夙治《说文》，长于考据训诂，亦精楷书。尤喜收藏金石，图书金石收藏甲于吴中，闻名南北。精于鉴别，有"潘神眼"之称。其收藏的国宝级文物大盂鼎和大克鼎（现存于北京故宫博物院），是我国青铜器藏品中的至尊之宝。

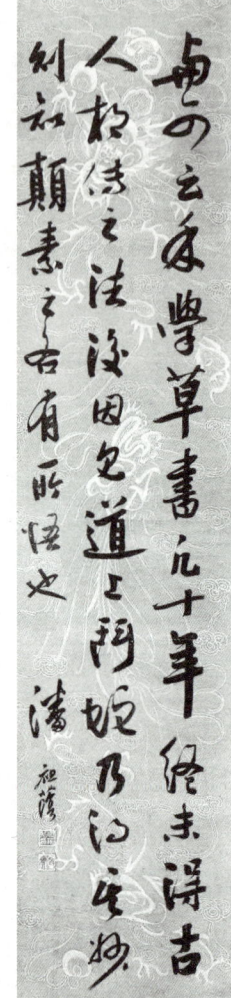

◎ 杜姓·文字演变

甲骨文	金文			小篆	隶书	楷书	行书	草书
商·殷墟	格伯簋	刘公簋	杜伯盨	说文解字	马王堆帛书	钟繇	陆柬之	怀素

【解字】 土，既是声旁也是形旁，表示土墩。杜，甲骨文=（土，土墩）+（木，树桩），表示土、木并用。造字本义：动词，泥土、木桩筑堤防洪。金文将甲骨文字形中的写成，将甲骨文字形中的写成。小篆基本承续金文字形。隶书将小篆字形中的写成。

【溯源】 杜姓出自姜姓，是炎帝神农氏的后代。相传在商朝时已经有杜国，是神农氏的后裔后土的子孙，以杜树为神树，故称杜，最终形成杜姓。

【掌故】 "酒圣"杜康

杜康，是中国古代传说中的"酿酒始祖"，夏朝人。随着农耕的发展，粮食多了吃不完，只能储藏在山洞里，时间一久，粮食就腐烂了。有一天，杜康到树林里散步，发现几棵枯死的大树，只剩下粗大空荡的树干。杜康灵机一动，把粮食全部倒进了干燥的树干里。过了一段时间，杜康来到树林里查看粮食，他惊奇地发现：储粮的枯树前，横七竖八地躺着一些野猪、山羊和兔子，一动不动。他连忙走近看个究竟：原来盛粮的树干裂开了几条缝，里面不断有液体渗出。看来，这些动物是舔吃了这液体才躺倒的。杜康凑过去一闻，只觉一股清香扑面而来，他尝了几口，顿觉神清气爽。后来，杜康把浓香水带回家，请大家品尝，都说好味道，这就是最早的酒，杜康因此被人们尊称为"酒神"。

【拾艺】　　　　　杜甫书法

唐代乾元二年（759年）杜甫书《严公九日南山诗》，刻于四川巴中南龛（kān），据传是目前发现的杜甫唯一书法，自清末传开后，引起轰动，金石学家、收藏家及古董商无不梦寐以求。

陕西西安的少陵塬畔有"杜公祠"，也叫"杜甫祠堂"。祠内最珍贵的文物是唐肃宗乾元二年（759）杜甫书《俯太中严公九日南山诗》石碑的墨拓本。

◎ 戴姓·文字演变

小篆	隶书	楷书	行书	草书
戴	戴	戴	戴	戴
说文解字	晋辟雍碑	颜真卿	蔡襄	毛泽东

【解字】 "異"是"戴"的本字，甲骨文像一个人双手将面具戴在头上。当"異"的"戴面具行刑"本义消失后，再加"土"、"戈"（刑具），另造"戴"代替。戴，籀文=（戈，刑具）+（異，双手将面具套在头上）会意，造字本义：古代执行死刑的刽子手用布罩将自己头部蒙住，以免遭受受刑者的拥护者报复。小篆在"戈"上加（是"才"的变形，即树杈、木架），表示绞架。隶书将小篆字形中表示绞架的写成 十 。

【溯源】 戴姓一支出自子姓，为商汤的后裔，以祖先谥（shì）号为氏。周初封商朝末代君主帝纣之庶兄子启于商的旧都（今河南商丘南），建立宋国。宋国第十一位君主，死后被谥为戴公，其子孙遂以谥号"戴"为氏。另有少数民族改姓为戴。

【掌故】 "清代哲人"戴震

戴震（1724—1777），字东原，又字慎修，安徽黄山人，清代著名语言文字学家、哲学家、思想家。戴震的父亲戴弁（biàn）是贩布的行商，做着小本生意，仅可糊口而已。据说戴震出生那天雷声震天，故父亲为他取名为震。戴震自幼聪敏，过目成诵，十岁的时候每日读书数千言不休，十七岁学《说文解字》，尽得其目，治学广博，音韵、文字、历算、地理无不精通。在宇宙观上，戴震提出了"气化流行，生生不息，是故谓之道"的命题。他同时提出"古人言道，恒该理气"这一非常精辟的名言，指出作为宇宙本体的"道"既包括物质性的"气"，也包括气的运动规律——"理"。他认为气是"道之实体"，理是气在运动、发展变化中的"不易之则"。这就确切、完满地解决了中国哲学史上道、理、气三者之间的关系问题。

【拾艺】　　　　戴嵩《斗牛图》

戴嵩（sōng），唐代画家。韩滉（huàng）弟子，韩滉镇守浙西时，嵩为巡官。擅画田家、川原之景，写水牛尤为著名，后人谓得"野性筋骨之妙"。相传曾画饮水之牛，水中倒影，唇鼻相连，可见之观察之精微。与韩干之画马，并称"韩马戴牛"。传世作品有《斗牛图》。

戴嵩《斗牛图》，绢本册页，纵44 cm，横40.8 cm，台北故宫博物院藏。

此图绘两牛相斗的场面，风趣新颖。一牛前逃，似力怯，另一牛穷追不舍，低头用牛角猛抵前牛的后腿。双牛用水墨绘出，以浓墨绘蹄、角，点眼目、棕毛，传神生动地绘出斗牛的肌肉张力、逃者喘息逃避的憨态、击者蛮不可挡的气势。牛之野性和凶顽，尽显笔端。可见画家对生活的观察细致入微，作品不拘常规、生机盎然，乃传世佳作。

◎ 夏姓·文字演变

甲骨文	金文	小篆	隶书	楷书	行书	草书
				夏	夏	夏
商·殷墟	秦公簋	铭勋钟	说文解字	马王堆帛书	古玺	高湋造像	李世民	王守仁

【解字】 夏，甲骨文像一个赤着脚的人手持尖嘴锄下地劳动，字形突出了人的头部、两手、脚（趾）和劳动工具。金文=夏（页，头，表示思虑、琢磨）+（爪，抓）+（执，操持）+（刀，垦荒的工具）+（卜，表示占卜，观测天象）+（耒，翻地的农具），表示观测天象与劳作。有的金文省去"刀"和"耒"。小篆简化字形，省去了"刀"、"耒"等农具，=（页，头，思虑）+（两手，忙碌）+（倒写的"止"，脚），表示农耕劳作手脚忙碌。造字本义：手持刀，脚踩耒，观测天象，应季农忙。晚期隶书夏省去小篆字形中的两手，简化为"夏"。

【溯源】 在秦汉之前，姓氏有严格区分，姓别源流，氏分贵贱。姒姓夏氏出自百朝之祖——夏朝大禹之后裔，属于以国名为氏。夏氏是中国一支极为古老的姓氏，历史地位首屈一指。姒姓为上古四大姓（姜、姬、姒、嬴）之一；夏后氏为上古四大氏（伏羲氏、神农氏、轩辕氏、夏后氏）之一。夏后氏失国以后演化为夏氏，夏朝是中国最早的国号。文明程度高的地区称为"夏"，文明程度高的人成族叫"华"，"华夏"合起来就代表了中国是一个文明和发达的中央大国，"华夏"久而久之便成了中华民族的代名词。

【掌故】　　　　"荆轲刺秦王见证人"夏无且

夏无且（jū），秦王嬴政侍医，"荆轲刺秦王"一事之中的重要人物。荆轲为燕太子丹所派，行刺秦王嬴政。荆轲拿了地图，捧送给秦王，地图全部打开，匕首就露了出来。荆轲左手抓住秦王的衣袖，右手拿着匕首刺秦王。秦王非常惊骇，直身站起，挣断了袖子。荆轲追逐秦王，秦王绕着柱子跑。秦国的群臣都惊呆了。大家仓促间惊惶失措，又没有武器用来击杀荆轲。这时，秦王的随从医官夏无且用他手里捧着的药袋投击荆轲，才使秦王得以脱身。因夏无且救驾有功，秦王嬴政赏赐他黄金二百镒（yì），曰："无且爱我，乃以药囊投荆轲也"。

【拾艺】　　　　夏圭《溪山清远图》

《溪山清远图》是南宋画家夏圭（guī）创作的国画作品，收藏于台北故宫博物院。该作品描绘晴日江南江湖两岸山色空蒙、水光潋滟（liàn yàn）的清远秀丽景色。图中群峰、山石、茂林、楼阁、长桥、村舍、茅亭、渔舟、远帆，勾笔虽简，但形象真实。作品由十张纸拼接而成，除第一段为25 cm外，后九段均为96 cm左右。画中景物变化甚多，时而山峰突起，时而河流弯曲。画家运用仰视、平视和俯视等不同角度取景，使起伏的峰峦和层层叠叠的岩壁，以及蜿蜒的河川，因为不同的视点在各个独立的段落里，产生独特的空间结构。

◎ 钟姓·文字演变

金文	小篆	隶书	楷书	行书	草书
鐘	鐘	鍾	鐘	钟	钟
周·公臣簋	说明解字	马王堆帛书	颜真卿	唐寅	毛泽东

【解字】 钟，本字为"鐘"。童，既是声旁也是形旁，表示被刺瞎双眼的小孩。鐘，金文 = 童（童，被刺瞎双目、无法跳跑的小奴隶）+ 金（金属），表示盲童敲击的金属器具。造字本义：古代贵族或官宦人家由小盲奴侍击的金属报时器，以杵撞击时发出有穿透力的洪亮的"咚咚"声。有的金文 鐘 调整左右顺序。小篆 鐘 承续金文字形。

【溯源】 钟姓出自嬴姓，为复姓钟离所改。周王朝时期，周武王姬发将远古东夷族首领伯益的后人封在钟离邑，后建有钟离国。到春秋中期，被楚国所灭。其后人以国名为姓。

【掌故】 钟子期遇伯牙

俞伯牙与钟子期是一对千古传诵的至交典范。伯牙善于演奏，钟子期善于欣赏。有一天，俞伯牙遇到樵夫钟子期，伯牙弹了一首高山屹立、气势雄伟的乐曲。钟子期赞赏地说："巍巍乎志在高山。"伯牙又弹了一首惊涛骇浪、汹涌澎湃的曲子，钟子期又说："洋洋乎志在流水。"钟子期能准确地领会伯牙所弹奏乐曲《高山流水》的内涵。这就是"知音"一词的由来。后钟子期因病亡故，伯牙悲痛万分,认为世上再无知音,天下再不会有人像钟子期一样能体会他演奏的意境。所以"破琴绝弦",把自己最心爱的琴摔碎,终生不再弹琴。伯牙原本就姓伯,"钟子期遇伯牙"中"遇"和"俞"音近,讹传为"钟子期俞伯牙",伯牙也就成了"俞伯牙"。

【拾艺】　　　　　　　钟繇(yáo)书法

钟繇(151—230),三国魏书法家,字元常。历官侍中尚书仆射,封亭东武侯。魏初任相,明帝时迁太傅,世称"钟太傅",卒谥(shì)成侯。书学曹喜、刘德升、蔡邕(yōng)。其正楷书法独步当时,自言精思学书三十年。所作秀美典雅,幽深无际。钟繇此帖点画遒劲而显朴茂,字体宽博而多扁方,充分表现了魏晋时代正走向成熟的楷书的艺术特征。

钟繇《宣示表》释文局部:尚书宣示孙权所求,诏令所报,所以博示。逮于卿佐,必冀良方出于阿是。刍荛(chú ráo)之言可择廊庙,况繇始以疏贱,得为前恩。横所盱睨(xū nì),公私见异,爱同骨肉,殊遇厚宠,以至今日。

◎ 汪姓·文字演变

金文	小篆	隶书	楷书	行书	草书
汪	汪	汪	汪	汪	汪
江伯卣	古玺	说文解字	衡方碑	颜真卿	董其昌	解祯期

【解字】 𡈼，既是形旁也是声旁，即"往"，奔赴。汪，金文 汪=氵（水，水流）+𡈼（往，奔赴），表示水流所向。造字本义：溪水所赴的浩荡深潭。小篆 汪 基本承续金文字形。隶书 汪 将小篆的 氵 写成 氵，并将小篆的 𡈼 简写成"王" 王。

【溯源】 汪氏源自商代汪芒氏。汪芒式又称汪罔式，是防风氏所改。进入商朝，汪芒氏的后代改为单字汪氏。还有一支汪氏出自姬姓，是黄帝的直系子孙。

【掌故】 《汤头歌诀》作者汪昂

汪昂（1615—1694），字讱（rèn）庵，初名恒，安徽休宁人，因家境贫寒，放弃仕途，立志学医。他身居山区，但勤奋好学，博览群书，苦攻医著，结合临床实践，经过30年的探索研究，终成一代名医。他诊病行医，注重临床，强调"医学之要，莫先于切脉，次则当明药性。"汪昂一生诊务烦冗（rǒng），然其著书立说至老不倦。编著有《医方集解》《本草备要》《汤头歌诀》等医学专著几十部。其中《汤头歌诀》流传甚广，此书选常用方剂300余首，编成流畅易读的七言歌诀，并在每方之下附有简注，以补方歌过简之不足。此书特点在于粗分门类、便于检索；且"歌不限方，方不限句；药味药引，俱令周明"，对后世方剂学的教学有很大影响。至今学习中医者，尚多以此书作为入门读物，所以《中国医学史》称汪昂"其书浅显易明，近人多宗之"。

【拾艺】 　　　　　　　　　汪关篆刻

　　汪关，原名汪东阳，字尹子。因得一颗"汪关"汉代铜印，喜其精美，故改名为汪关，并以"宝印斋"名其室。安徽歙县人，住娄东（今江苏太仓）时，与程嘉燧（suì）、李流芳诸人过从甚密。汪关的印章特点，是在学习三桥的温雅、秀润一路的基础上，再上溯汉印，观察入微，能得汉铸印之精髓，形神兼备，为明人追汉而又能出新意者，形成了他精严而雅妍的个人风格，为时人所重。汪关的印作一方面品味高雅，艺术内蕴深厚，另一方面构造工巧精致可爱。因此，不仅为书画家所重，也为一般人所喜爱。明末许多文人士大夫如董其昌、王时敏、文震孟、恽（yùn）本初、归昌世、李流芳、钱谦益、赵文佩等人的用印，大都出自汪关之手。

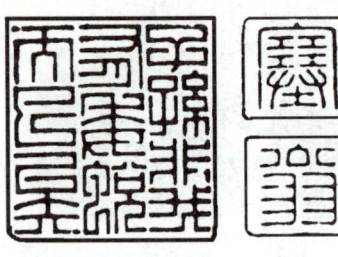

子孙非我有委蜕而已矣　　塞翁

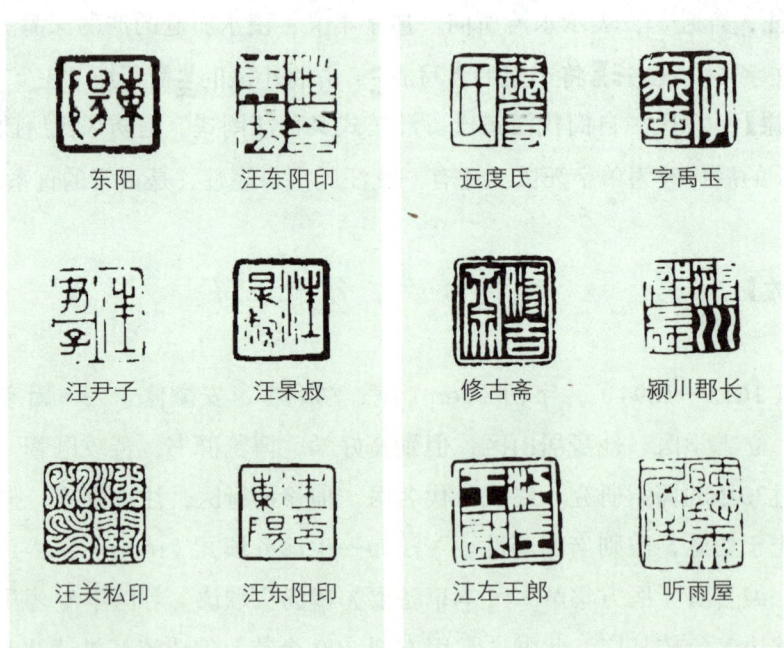

东阳　　汪东阳印　　远度氏　　字禹玉

汪尹子　　汪杲叔　　修古斋　　颍川郡长

汪关私印　　汪东阳印　　江左王郎　　听雨屋

◎ 田姓·文字演变

【解字】 田，甲骨文在一大片垄亩上画出三横三纵的九个方格，表示阡（qiān，竖线代表纵向田埂）陌（mò，横线代表横向田埂）纵横的无数井田。有的甲骨文像畸形的地亩。有的甲骨文将甲骨文字形中阡陌（无数的纵横田埂）简化为一纵一横。造字本义：阡陌纵横的农耕之地。金文、小篆承续甲骨文字形。

【溯源】 公元前11世纪，周武王封舜后裔妫满为陈侯，史称胡公满，胡公满后裔陈完，投奔齐国，被封于田地，改名为田完，为田氏得姓始祖。

【掌故】 田穰苴"树信立威"

田穰苴（ráng jū），又称司马穰苴，是继姜尚之后的著名军事家。春秋时期，齐国相国晏婴推荐田穰苴收复被晋、燕两国侵占的国土。齐景公任命田穰苴为将军，田穰苴为树立威信，请求齐景公派大臣担任监军，齐景公派了宠臣庄贾。田穰苴与庄贾约定："明天中午，在军营正门见面。"庄贾一向骄横，亲戚朋友前来送行，便留他们一起喝酒，结果阅兵时迟到了，田穰苴依军法斩杀了庄贾。庄贾被捕时，秘密派人至宫中求救，不久，景公派特使驾车奔驰前来，向田穰苴传达了景公特赦庄贾的命令。田穰苴回答："将在军中，军令有所不受。"田穰苴问军正："在军营中奔驰，该当何罪？"军正回答："当斩。"来使大惧，恳求饶命。田穰苴说："他是国君的钦差，不可以杀他。"遂释放了特使，斩杀了车夫，又命令武士拆车，把马砍死，以示三军。田穰苴执法严明，使军心大振，于是士兵勇敢，纷纷效死，击败晋、燕军队，一举收复国土。

【拾艺】

田汉书法

田汉，中国现代戏剧的奠基人，诗人、剧作家，原籍湖南长沙。早年留学日本，20世纪20年代开始戏剧活动，写过多部著名话剧，成功地改编过一些传统戏曲。他还是《中华人民共和国国歌》歌词的作者。此作品为田汉书法行草立轴毛泽东诗《七律·和郭沫若同志》。

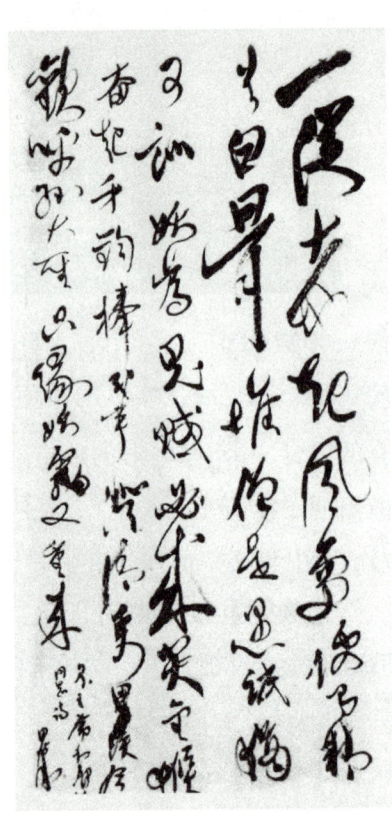

释文

一从大地起风雷，便有精生白骨堆。
僧是愚氓犹可训，妖为鬼蜮必成灾。
金猴奋起千钧棒，玉宇澄清万里埃。
今日欢呼孙大圣，只缘妖雾又重来。

◎ 任姓·文字演变

甲骨文	金文	小篆	隶书	楷书	行书	草书
𢀖	𢀖	𡈼	任	任	任	任
商·殷墟	任氏簋	说文解字	简臭犊	颜真卿	敬世江	王宠

【解字】 任，甲骨文 𢀖 ＝工（工，巧）＋人（人），表示能工巧匠，造字本义：聪明能干，精于办事。金文 𢀖 在"工"工的握柄上加圆点指事符号，写成"壬"壬，表示巧用器具，有办事能力。小篆 𡈼 承续金文字形。

【溯源】 任姓，约5000年前黄帝赐封的十二个基本姓氏（姬、酉、祁、己、滕、箴、任、荀、僖、姞、儇、依）之一，是一个十分古老的姓氏。相传黄帝少子禺（ǒu）阳被封在任国，其后裔就以任为姓氏。

【掌故】 任不齐"著书立言"

任不齐（前545—前468），字子选，汉族，春秋战国时楚国（今湖北）人。孔子弟子七十二贤之一，排名第十七位，唐朝追封为任城伯，宋朝加封为当阳侯，明朝改称"先贤任子"，系任姓得姓始祖。任不齐通六艺，工诗、礼，尤精通于乐。孔子死后，他守灵三年后方返回故乡（山东济宁任城）。楚王听说他的贤明，想聘他为上卿，他拒绝了，然后在家著书，代表作是《任子遗书》十二篇：《三才》、《为学》，《忠孝》，《言行》，《治道》，《进贤》，《刑赏》，《礼教》，《乐训》，《燕居》，《问答》（上、下篇）。

【拾艺】　　　　　　任颐书画

　　任颐（yí）：清代画家。初名润，字小楼、伯年。山阴（今浙江绍兴）人。画法师承明清画家陈洪绶、华喦（yán），复受朱耷（dā）影响，擅长花鸟、山水、人物，在技法上有独到之处。

◎ 姜姓·文字演变

甲骨文	金文	小篆	隶书	楷书	行书	草书
商·殷墟	散车父壶	吴让之	何绍基	颜真卿	鲜于枢	王羲之

【解字】 姜字中，"羊"既是声旁也是形旁，表示两角弯曲、性情温顺的食草动物。姜，甲骨文=（羊）+（女），表示牧羊女。造字本义：西北地区的牧羊女。有的甲骨文将"羊"简写作。金文、小篆承续甲骨文字形。隶书将小篆的"女"写成。

【溯源】 姜姓源出炎帝神农氏。炎帝生于姜水，因以水命姓为姜。

【掌故】 太公钓鱼，愿者上钩

姜尚，姓姜，名尚，字子牙，商末周初人。他是我国古代一位影响深远的杰出韬略家、军事家和政治家。姜尚出身低微，前半生困顿不堪，但是他满腹经纶、壮志凌云，深信自己能干一番事业。听说西伯姬昌尊贤纳士、广施仁政，年逾七旬的他便千里迢（tiáo）迢投奔西歧。但他并没有迫不及待地前去拜见姬昌，而是到渭水北岸的磻（pán）溪垂钓。姜尚的钓法奇特，短竿长线，线系竹钩，不用诱饵，钓竿悬在空中，离水三尺，且钓且语："太公钓鱼，愿者上钩。"一个叫武吉的樵（qiáo）夫，看此情景，取笑不已。姜尚说："曲中取鱼不是大丈夫所为，我愿直中取,不向曲中求。我的鱼钩只钓王与侯。"后来,果然"钓"到了西伯侯姬昌,遂封姜尚为相,称为"太师",尊称为太公,成就了周朝八百年基业。

【拾艺】　　　　　　姜夔小楷欣赏

姜夔(kuí)(约1155—1221)字尧章,宋代饶州鄱阳(今江西鄱阳)人。自号白石道人。工诗词,精音乐,善书法,对词的造诣尤深。有诗词、诗论、乐书、字书、杂录等多种著作。一生未入仕途,以布衣终。传世墨迹不多。从小楷《跋王献之保母帖》中可以看出他的书法出于二王一路,用笔精到,典雅俊润,且受初唐诸家书风影响,不随时俗,清新脱俗。

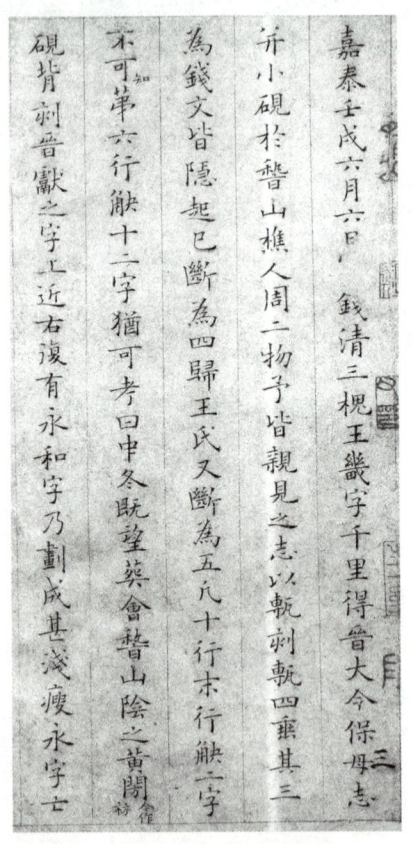

姜夔《跋王献之保母帖》纸本,长31.6 cm,
全文计101行,北京故宫博物院藏。

姓氏篆体字（100家）一览表

范姓（1）	方姓（4）	石姓（6）	姚姓（9）
得姓始祖：范士会	得姓始祖：方雷氏	得姓始祖：石碏	得姓始祖：姚重华
《百家姓》排序[1]：46	《百家姓》排序：56	《百家姓》排序：188	《百家姓》排序：101
人口排序[2]61	人口排序：62	人口排序：63	人口排序：64
谭姓（12）	廖姓（14）	邹姓（16）	熊姓（18）
得姓始祖：夏禹	得姓始祖：廖叔安	得姓始祖：邹屠氏	得姓始祖：鬻熊
《百家姓》排序：293	《百家姓》排序：342	《百家姓》排序：35	《百家姓》排序：121
人口排序：65	人口排序：66	人口排序：67	人口排序：68
金姓（21）	陆姓（23）	郝姓（26）	孔姓（28）
得姓始祖：金天氏	得姓始祖：陆终	得姓始祖：郝子期	得姓始祖：孔父嘉
《百家姓》排序：029	《百家姓》排序：198	《百家姓》排序：77	《百家姓》排序：25
人口排序：69	人口排序：70	人口排序：71	人口排序：72
白姓（31）	崔姓（34）	康姓（37）	毛姓（40）
得姓始祖：白公胜	得姓始祖：崔季子	得姓始祖：康叔	得姓始祖：毛叔郑
《百家姓》排序：267	《百家姓》排序：189	《百家姓》排序：88	《百家姓》排序：106
人口排序：73	人口排序：74	人口排序：75	人口排序：76

注：①《百家姓》排序，以宋代《百家姓》排序为准。②人口排序，源自2017年全国人口统计数据。

邱姓（42）	秦姓（45）	江姓（48）	史姓（51）
得姓始祖：姜太公后裔 《百家姓》排序：151 人口排序：77	得姓始祖：秦非子 《百家姓》排序：18 人口排序：78	得姓始祖：江元仲 《百家姓》排序：141 人口排序：79	得姓始祖：仓颉、史尹佚 《百家姓》排序：63 人口排序：80
顾姓（53）	侯姓（55）	邵姓（58）	孟姓（61）
得姓始祖：顾余侯 《百家姓》排序：93 人口排序：81	得姓始祖：晋侯缗 《百家姓》排序：230 人口排序：82	得姓始祖：召公 《百家姓》排序：102 人口排序：83	得姓始祖：孟庆父、孟轲 《百家姓》排序：94 人口排序：84
龙姓（64）	万姓（67）	段姓（69）	雷姓（72）
得姓始祖：龙行、纳言龙 《百家姓》排序：256 人口排序：85	得姓始祖：芮伯万 《百家姓》排序：162 人口排序：86	得姓始祖：共叔段 《百家姓》排序：218 人口排序：87	得姓始祖：方雷氏 《百家姓》排序：69 人口排序：88
钱姓（75）	汤姓（78）	尹姓（80）	易姓（82）
得姓始祖：篯铿 《百家姓》排序：2 人口排序：89	得姓始祖：成汤 《百家姓》排序：72 人口排序：90	得姓始祖：工正、尹佚 《百家姓》排序：100 人口排序：91	得姓始祖：易牙 《百家姓》排序：339 人口排序：93

黎姓（84）	常姓（86）	武姓（89）	乔姓（92）
得姓始祖：黎丰舒 《百家姓》排序：262 人口排序：92	得姓始祖：常仪、常康叔 《百家姓》排序：80 人口排序：94	得姓始祖：武丁 《百家姓》排序：250 人口排序：95	得姓始祖：乔勤 《百家姓》排序：282 人口排序：96
贺姓（95）	赖姓（98）	龚姓（100）	文姓（102）
得姓始祖：贺纯 《百家姓》排序：70 人口排序：97	得姓始祖：赖叔颖 《百家姓》排序：276 人口排序：98	得姓始祖：共工 《百家姓》排序：192 人口排序：99	得姓始祖：周文王、姜文叔 《百家姓》排序：355 人口排序：100
梁姓（105）	宋姓（108）	郑姓（110）	谢姓（113）
得姓始祖：梁康伯 《百家姓》排序：128 人口排序：021	得姓始祖：宋微子 《百家姓》排序：118 人口排序：022	得姓始祖：郑桓公 《百家姓》排序：7 人口排序：23	得姓始祖：谢申伯 《百家姓》排序：34 人口排序：24
韩姓（115）	唐姓（118）	冯姓（120）	于姓（122）
得姓始祖：韩厥 《百家姓》排序：15 人口排序：25	得姓始祖：唐叔虞 《百家姓》排序：64 人口排序：26	得姓始祖：冯简子 《百家姓》排序：9 人口排序：27	得姓始祖：于邘叔 《百家姓》排序：82 人口排序：28

董姓（125）	萧姓（128）	程姓（131）	曹姓（134）
得姓始祖：董父 《百家姓》排序：127 人口排序：29	得姓始祖：萧大心 《百家姓》排序：99 人口排序：30	得姓始祖：程伯符 《百家姓》排序：193 人口排序：31	得姓始祖：曹振铎 《百家姓》排序：26 人口排序：32
沈姓（146）	曾姓（148）	彭姓（150）	吕姓（152）
得姓始祖：沈季载 《百家姓》排序：14 人口排序：37	得姓始祖：曾曲烈 《百家姓》排序：385 人口排序：38	得姓始祖：彭祖 《百家姓》排序：47 人口排序：39	得姓始祖：吕伯夷 《百家姓》排序：22 人口排序：40
李姓（154）	王姓（156）	张姓（158）	刘姓（160）
得姓始祖：李利贞 《百家姓》排序：4 人口排序：1	得姓始祖：太子晋、王子乔 《百家姓》排序：8 人口排序：2	得姓始祖：张挥 《百家姓》排序：24 人口排序：3	得姓始祖：刘累 《百家姓》排序：252 人口排序：4
陈姓（162）	杨姓（164）	赵姓（167）	黄姓（170）
得姓始祖：陈胡公 《百家姓》排序：10 人口排序：5	得姓始祖：杨伯侨 《百家姓》排序：16 人口排序：6	得姓始祖：造父 《百家姓》排序：1 人口排序：7	得姓始祖：陆终 《百家姓》排序：96 人口排序：8

周姓（173） 得姓始祖：周后稷 《百家姓》排序：5 人口排序：9	吴姓（175） 得姓始祖：吴回 《百家姓》排序：6 人口排序：10	徐姓（178） 得姓始祖：徐若木 《百家姓》排序：150 人口排序：11	孙姓（181） 得姓始祖：孙乙、孙书 《百家姓》排序：3 人口排序：12
胡姓（183） 得姓始祖：胡公满 《百家姓》排序：158 人口排序：13	朱姓（185） 得姓始祖：朱曹挟 《百家姓》排序：17 人口排序：14	高姓（189） 得姓始祖：高一、高傒 《百家姓》排序：153 人口排序：15	林姓（191） 得姓始祖：林坚 《百家姓》排序：147 人口排序：16
何姓（194） 得姓始祖：何瑊 《百家姓》排序：21 人口排序：17	郭姓（197） 得姓始祖：禺虢 《百家姓》排序：144 人口排序：18	马姓（199） 得姓始祖：马服君赵奢 《百家姓》排序：52 人口排序：19	罗姓（202） 得姓始祖：祝融 《百家姓》排序：75 人口排序：20
苏姓（204） 得姓始祖：苏忿生 《百家姓》排序：42 人口排序：41	卢姓（207） 得姓始祖：卢高傒 《百家姓》排序：167 人口排序：42	蒋姓（210） 得姓始祖：蒋伯龄 《百家姓》排序：13 人口排序：43	蔡姓（213） 得姓始祖：蔡仲 《百家姓》排序：155 人口排序：44

贾姓（215）	丁姓（217）	魏姓（219）	薛姓（221）

得姓始祖：贾公明	得姓始祖：丁公伋	得姓始祖：魏毕万	得姓始祖：薛登
《百家姓》排序：137	《百家姓》排序：177	《百家姓》排序：30	《百家姓》排序：68
人口排序：45	人口排序：46	人口排序：47	人口排序：48
叶姓（224）	阎姓（227）	余姓（229）	潘姓（231）

得姓始祖：叶公诸梁	得姓始祖：阎仲奕	得姓始祖：由余	得姓始祖：潘崇
《百家姓》排序：257	《百家姓》排序：327	《百家姓》排序：90	《百家姓》排序：43
人口排序：49	人口排序：50	人口排序：51	人口排序：52
杜姓（233）	戴姓（235）	夏姓（237）	钟姓（239）

得姓始祖：杜康	得姓始祖：宋戴公	得姓始祖：夏后禹	得姓始祖：钟烈
《百家姓》排序：129	《百家姓》排序：116	《百家姓》排序：154	《百家姓》排序：149
人口排序：53	人口排序：54	人口排序：55	人口排序：56
汪姓（241）	田姓（243）	任姓（245）	姜姓（247）
得姓始祖：汪周氏	得姓始祖：田完	得姓始祖：任仡	得姓始祖：炎帝
《百家姓》排序：104	《百家姓》排序：156	《百家姓》排序：58	《百家姓》排序：32
人口排序：57	人口排序：58	人口排序：59	人口排序：60

审读专家简介

牟钟鉴 中央民族大学哲学与宗教学院资深教授、博士生导师。兼任尼山圣源书院荣誉院长、国际儒学联合会副会长、中国孔子基金会顾问、中国宗教学会顾问、国学经典教育联盟顾问、国家图书馆国情咨询专家、国家行政学院教授、中国人民大学孔子研究院学术委员会委员。牟教授出版了《中国宗教与文化》《走近中国精神》《儒学价值的新探索》《在国学的路上》《儒道佛三教关系简明通史》等十多部学术专著,发表学术论文380余篇。所创立的"民族宗教学"和"新仁学"在学界产生了重大影响。中央政治局集体学习授课专家。2012年度"孔子文化奖"获得者。

郭齐家 北京师范大学教育系教授、博士生导师,复圣研究院院长,齐家书院院长。长期从事中国传统文化教育的教学与研究,主讲"中国教育史",享受国务院政府津贴。兼任国际儒学联合会顾问,中华孔子学会副会长,国学经典教育联盟顾问。郭老著作等身,出版《中国教育思想史》《中国古代学校》《中国古代教育家》《中国古代学校和书院》等著作,其中,《中国教育思想史》被评为1988年全国第一届优秀教育图书一等奖。

何光荣 字蒙山,国家教育行政学院教授,国际儒学联合会顾问,国学经典教育联盟顾问。何老致力于教育、国学和中国书法艺术六十余载,其教育著作有《中国古代教育哲学》(北京师范大学出版社出版),国学著作有《中华大道》(首卷《儒道篇》已由中华书局出版)。2018年9月,96岁高龄的何老又出版了《蒙山手抄本四书》。

于建福 国家教育行政学院教授、国学教育研究中心主任,国学经典教育联盟副理事长兼秘书长;兼任北京师范大学博士生导师,国际儒学联合会宣传出版委员会主任,《国际儒学研究》主编。主要研究领域为中国传统教育哲学。著有《孔子的中庸教育哲学》《素质教育》《中庸之道与文化自觉》,主编《四书解读》等。

王新宏 北京青年政治学院原教务处处长、教授,北京东方道德研究所原所长,国际儒学联合会原理事;现任中国教育学会家庭教育专业委员会理事、山东尼山圣源书院副院长、北京国培京师教育科学研究院副院长。组织编写了《中华优秀传统文化普及系列丛书：童蒙读本、养正读本、养志读本》；主编了《家庭建设大家谈》等家教丛书并主持国家家庭教育课题研究项目。

陶继新　山东教育社编审、原总编辑，中国孔子基金会副会长、山东省作家协会会员。教育部"国培计划"中小学名校长领航工程——齐鲁师范学院基地导师。《中国教育报·读书周刊》2005年度十大推动读书人物；第四届中华优秀传统文化教育年度人物卓越贡献人物奖（2018年）。出版著作50多部，在全国开设讲座900多场次。

刘振佳　济宁学院儒学研究传播中心副主任、教授。教育部优秀传统文化教育专业委员会理事，山东省孔子学会理事，圣地名师儒学专家，长期致力于孔子及鲁国文化史研究。出版了《大学中庸诠释》《鲁国文化与孔子》等著作10余部。在国内外作各类儒学报告300余场，深受社会各界赞誉与好评。

后　记

　　为方便大家亲近中华传统文化，诵读经典，我们在前期编著《中华传统文化经典教师读本：百家姓》的基础上，又编选了这本《姓氏演绎》，这是我们作为中华儿女义不容辞的责任，我们为此感到无比骄傲和荣幸。五千年的中华文明，保存在这众多经典之中，它是我们中国人的根和魂，是我们中国人智慧、勇气和力量的来源，犹如五谷稻粱，须臾不可离；又如阳光雨露，滋养万物。

　　编写时，我们翻阅了《中华姓氏》《中华典故》《文字起源图典》《中国历代名家原帖经典》等大量资料，并有选择的对其内容进行了引用，同时我们还对网上的一些资料进行了整理，去伪存真，去粗取精，争取为读者呈现更为丰富、精彩的内容，在此一并答谢，如有不当之处敬请谅解。编写过程中，中央民族大学的牟钟鉴教授、北京师范大学的郭齐家教授、国家教育行政学院的何光荣教授和于建福教授、北京青年政治学院的王新宏教授以及山东教育出版社原总编辑陶继新老师、济宁学院的刘振佳教授，他们百忙之中在本书编写体例、内容校审上倾注了大量心血和汗水，给予我们无私的指导和帮助；牟钟鉴老师、何光荣老师亲笔题词，郭齐家老师、陶继新老师亲自作序，给参与本书编写的每一位成员莫大鼓舞。另外，济南出版社的冀瑞雪主任也在本书出版过程中提出了许多中肯的编写意见和建议，保证了本书的学术水平和质量。在此一并表示衷心感谢和崇高的敬意。

　　希望这本小册子能够将大家带入中华优秀传统文化的殿堂，欣赏最美的风景，为弘扬中华优秀传统文化贡献自己的一份力量。鉴于肩负沉甸甸的责任，我们在编辑过程中，翻阅了大量资料，不敢有丝毫的懈怠和马虎。但由于编者水平所限，难免有所纰漏和不足。在此，恳请各位方家不吝赐教，也请慧眼读者提出宝贵意见，以便今后进一步改进和订正。

参考书目

刘嘉庚主编：《中华传统文化经典教师读本：百家姓》，济南：济南出版社2015年版。

郑宏峰、张红主编：《中华姓氏（绣像本）》，北京：线装书局2008年版。

张肇麟著：《姓氏与宗社考证》：北京：社会科学文献出版社2015年版。

李吉著：《中华姓氏文化大典（总论）》，郑州：大象出版社2014年版。

周德元著：《中华姓氏起源与内涵》，南宁：广西民族出版社2010年版。

陈君慧编著：《中华典故全集》，长春：吉林出版集团有限责任公司2011年版。

郑红峰主编：《中华典故》，西安：西安交通大学出版社2015年版。

吉佐棠著：《文字起源图典》，济南：齐鲁书社2016年版。

黄德宽主编：《秦文字字形表》，上海：上海古籍出版社2017年版。

黄德宽主编：《西周文字字形表》，上海：上海古籍出版社2017年版。

何景成编撰：《甲骨文字诂林补编》，北京：中华书局2017年版。

徐中舒主编：《甲骨文字典》，成都：四川辞书出版社2014年版。

胡峡江主编：《中国历代名家原帖经典·宋元书法卷》，合肥：安徽美术出版社2014年版。

胡峡江主编：《中国历代名家原帖经典·明代书法卷》，合肥：安徽美术出版社2014年版。